Verlag an der Ruhr

Impressum

Titel: **Lustige Laut-Geschichten**
Kinder trainieren Problemlaute

Autor der Geschichten: Hans Werner Piatek

Verfasserin der Laut-Informationen und Arbeitsblätter: Ute Gerresheim

Illustrationen: Torsten Kropp

Druck: Druckerei Uwe Nolte, Iserlohn

Verlag: **Verlag an der Ruhr**
Alexanderstraße 54 – 45472 Mülheim an der Ruhr
Postfach 10 22 51 – 45422 Mülheim an der Ruhr
Tel.: 02 08/439 54 50 – Fax: 02 08/439 54 39
E-Mail: info@verlagruhr.de
www.verlagruhr.de

ISBN 3-86072-857-1

geeignet für die Altersstufe 4 **5 6 7 8** 9 10

Gedruckt auf chlorfrei gebleichtes Papier.

Die Schreibweise der Texte folgt der reformierten Rechtschreibung.

Inhalt

Inhalt

Laut s

Laut t

Laut d

Laut l

Laut n

An alle, die mit Kindern arbeiten

Warum Laute üben mit den „Lustigen Laut-Geschichten"?

Wir alle wünschen uns Kinder, die in der Lage sind, deutlich und klar zu sprechen, um ihre Bedürfnisse und Gefühle äußern und mit anderen Kindern oder Erwachsenen verständlich kommunizieren zu können. Zunehmend mehr Kinder im **Kindergarten**, aber auch noch in der **Schule**, haben jedoch Probleme, Laute deutlich zu bilden. Einige Vorschul- und Grundschulkinder haben noch Schwierigkeiten mit der Bildung der **Zischlaute** (*s, z, sch, ch*). Es gibt aber immer mehr Kinder, die insgesamt **undeutlich** sprechen.

Die **Ursachen** für diese Undeutlichkeiten sind vielfältig. Beispielhaft führen wir hier einige häufige Ursachen auf:

- ✗ die gestiegene **Infektanfälligkeit** der Kinder, oft bedingt durch adenoide Wucherungen (im Volksmund: Polypen) und/oder vergrößerte Tonsillen (im Volksmund: Mandeln), häufig mit einer eingeschränkten Hörfähigkeit einhergehend
- ✗ **Allergien**, die zu einer eingeschränkten Nasenatmung und vorwiegenden Mundatmung sowie einer Zungenfehlfunktion führen
- ✗ undeutlich sprechende **„Vorbilder"** in der Umgebung der Kinder
- ✗ weniger **Bewegung** der Kinder und damit weniger natürliches „Training" aller Muskeln
- ✗ weniger gemeinsame **Spiel- und Vorlesezeiten** mit den Kindern

Für dieses Buch haben wir **12 Geschichten** zu 12 verschiedenen Lauten geschrieben. Manche Laute sind schwieriger zu sprechen als andere. Insbesondere die Laute *r, f, w, k, g, ch, sch, s* können für manche Kinder zu **„Problemlauten"** werden. Es gibt aber auch viele Kinder, die mit den entsprechenden Lauten überhaupt keine Schwierigkeiten haben. Der Begriff „Problemlaut" bezieht sich also immer auf das **jeweilige Kind**, das den entsprechenden Laut nicht korrekt bilden kann.

Obgleich der Begriff „Problemlaut" in der aktuellen logopädisch-fachwissenschaftlichen Diskussion umstritten ist, weil er zu negativ klingt, verwenden wir ihn in unserem Buch, da er **im allgemeinen Sprachgebrauch** üblich ist und das Thema des Buches besonders gut trifft. Kindern gegenüber wird man sowieso ein anderes Vokabular benutzen. Die Laute *t, d, l, n* gehören demgegenüber nicht zu den Lauten, die besonders häufig Schwierigkeiten bereiten. Sie sind aber hilfreich, um mit Kindern den **„Ruheplatz der Zunge"** zu üben (s. S. 142). Aus diesem Grund haben wir sie bei unserer Auswahl ebenfalls berücksichtigt.

Zu den Geschichten gibt es **Informationsseiten** für Erwachsene und **Arbeitsblätter** für Kinder, die sich auf die einzelnen Laute beziehen. Diese Materialien sind besonders hilfreich für **pädagogische Berufsgruppen**, wie Lehrer* in der Grundschule, Erzieher im Kindergarten, Heilpädagogen in Frühfördereinrichtungen, Sozialpädagogen etc. In kurzer, verständlicher Form erklären wir, wie ein **Laut gebildet** wird und welche **Voraussetzungen** dafür notwendig sind. Ganz bewusst haben wir auf eine wissenschaftliche, sprachtherapeutisch-logopädisch orientierte Erklärung der Lautbildung verzichtet, um auch Eltern, Großeltern, Tanten und Onkeln verständliche Informationen zu den Lauten zu geben.

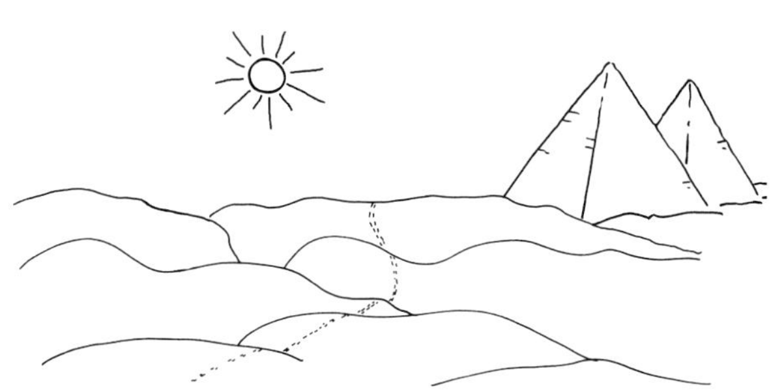

* Aus Gründen der besseren Lesbarkeit haben wir in diesem Buch – bis auf wenige Ausnahmen – die männliche Form verwendet. Natürlich sind damit auch immer Frauen und Mädchen gemeint, also Lehrerinnen, Schülerinnen etc.

An alle, die mit Kindern arbeiten

Alle aufgeführten **Übungen** und **Spiele** können mit wenig Aufwand und Material durchgeführt werden. Sie sind vor allem für Kinder im Alter von 5–8 Jahren geeignet. Zu manchen Arbeitsblättern benötigen die Kinder mehr oder weniger Unterstützung Ihrerseits, so zum Beispiel, wenn die Kinder noch nicht lesen können.

Einsatz der „Lustigen Laut-Geschichten“

Wenn Sie mit den „Lustigen Laut-Geschichten“ arbeiten, sollten Sie dabei ein paar Dinge bedenken. In den Geschichten kommt jeweils ein bestimmter Laut gehäuft vor. Wenn Sie die Geschichten vorlesen, ist es ganz wichtig, dass Sie den Laut selbst **korrekt aussprechen**.

Der Laut muss dabei nicht übertrieben gebildet werden. Sie sollten ihn aber **deutlich** sprechen und vor allem die Geschichten mit **Betonung** vorlesen. Außerdem sollten Sie beim Vorlesen häufiger **kleine Pausen** einlegen, um den Kindern Raum für mögliche Fragen zu geben, z.B. bei ihnen unbekannten Wörtern.

Was geschieht dann?

Die Kinder werden nicht nur **neugierig**, wie die Geschichte weitergeht. Vielmehr **hören** sie immer wieder den Laut, der sehr häufig vorkommt und deutlich gesprochen wird. Erklären Sie den Kindern, welchen Laut sie immer wieder hören. Dann haben die Kinder die Möglichkeit, besonders aufmerksam hinzuhören (ganz bewusst schreiben wir nicht „zuzuhören“).

Die Kinder bilden den jeweiligen Laut **„mental“** mit, ohne dass sie ihn selbst sprechen.
Das heißt, es findet eine nicht sichtbare „innere Bewegung der Sprechmuskulatur“ statt.

Hinweise für den Vor- und Grundschulbereich

Im Vor- und Grundschulbereich können die „Lustigen Laut-Geschichten“ mit den dazu gehörigen Übungen und Spielen **flexibel** eingesetzt werden: Die Geschichten sind so angelegt, dass Sie **einzelne Geschichten** herausgreifen können. Dabei ist es möglich, sich an der **kindlichen Lautentwicklung** zu orientieren, nach der die Geschichten sortiert wurden. Oder aber Sie reagieren auf **Probleme**, die Sie gerade bei Kindern in Ihrem **Arbeitsfeld** beobachten.

Erklären Sie den Kindern zunächst, dass sie eine lustige Geschichte hören werden, in der ein bestimmter Laut immer wieder vorkommt. Vor dem Vorlesen können Sie diesen **Laut** mit der ganzen Gruppe laut sprechen. Lassen Sie sich von den Kindern beschreiben, welche **Teile des Mundes** sie bewegen müssen und was sie am ganzen Körper spüren, wenn sie den Laut sprechen. Außerdem können sie **Wörter** nennen, die mit diesem Laut beginnen. Im Anschluss daran können Sie die Geschichte vorlesen und die Kinder zum Lauschen auffordern.

In den Geschichten kommen immer wieder kleine **Reime** vor. Diese Reime können sich die Kinder leicht einprägen. Durch die Reimform lernen Kinder Sprache besonders leicht und sie erweitern schneller ihre **Sprachfähigkeit**. In den Reimen findet sich der jeweilige Laut vermehrt wieder, sodass er häufig wiederholt wird.

Auf den Seiten 143–146 finden Sie die Reime noch einmal als Kopiervorlagen. Des Weiteren sind alle Geschichten mit passenden **Zeichnungen** illustriert, die von den Kindern bunt ausgemalt werden können. Zu diesem Zweck können die Illustrationen – ebenso wie die **Arbeitsblätter** zu den einzelnen Lauten – kopiert und an die Kinder weitergegeben werden.

An alle, die mit Kindern arbeiten

Die bewegungsunterstützenden Übungen und Spiele

Die bewegungsunterstützenden Übungen und Spiele sind dazu gedacht, dass die Kinder den Laut besser kennen lernen und Unterstützung für seine **Bildung** erhalten.

In alle Übungen und Spiele ist das Wissen um die **physiologischen Grundlagen** der Lautbildung eingeflossen.

Für die Durchführung benötigen Sie nur **wenig Material**. Die Kinder kennen manche Spiele bereits und bringen sie deshalb nicht mit dem indirekten Üben von Lauten in Verbindung, sodass der **Spaß** im Vordergrund steht. Dadurch dass Sie **Bewegungsspiele** in den **Unterricht** einbauen, haben die Kinder die Möglichkeit, neue Energie zu schöpfen. Sie kommen damit dem natürlichen Bewegungsdrang der Kinder nach. Bei den Übungen und Spielen nach dem Konzept BodySense® (siehe auch unter *Ganzheitliches Sinneserleben,* S. 9) geben wir Ihnen kurze **Erklärungen** zu deren Wirksamkeit.

Sie können die „Lustigen Laut-Geschichten" entweder in der **Gruppe** oder aber auch in der **Einzelarbeit** einsetzen. Sie haben auch die Möglichkeit, die Geschichten auszuweiten, daraus ein kleines **Theaterstück** oder ein **Projekt** zu einem bestimmten Thema zu gestalten.

Ganzheitliches Sinneserleben

Zu einigen Lauten führen wir bewegungsunterstützende Übungen/Spiele auf, die wir auf der Grundlage des 5-Elemente-Bewegungs- und Sinnes-Konzepts **BodySense®** nach J. Woldt und R. Suchy entwickelt haben. Dieses Konzept basiert auf Erkenntnissen der Sportwissenschaft, der Chinesischen Energielehre, der Neurophysiologie, des klassischen Mentaltrainings und der Kinesiologie.

Versuchen Sie in Ihrer Arbeit mit den Kindern, **Bewegungen** mit **Vorstellungen**, also inneren Bildern oder Farben, sowie anderen **Sinneserfahrungen** wie dem Riechen und Schmecken zu verknüpfen. Auf diese Weise ist das Kind in der Lage, mit allen Sinnen und somit verknüpft zu lernen. Verknüpftes Sinnes-Lernen hilft, Gelerntes schneller zu speichern und abzurufen – viel wichtiger aber noch, eine **innere Harmonie** von Leib und Seele zu erzielen.

Die aufgeführten Bewegungen unterstützen sowohl die **Lautbildung** als auch die **Organe**, die bei der Lautbildung mit den Muskeln in Verbindung stehen. Die Bewegungen führen zu einem Sinneserleben, das den ganzen Menschen einbezieht und damit vor allem Spaß und Wohlbefinden hervorruft. Ein **Beispiel** aus den Spielen zum Trainieren des Lautes *k*: Wenn die Kinder mit Ihnen das **Wüstenspiel** (siehe S. 64) spielen und ein imaginäres Kickboxen veranstalten, stärken sie ihre Bizepsmuskulatur. Zugleich erhalten sie eine optimale Basis für die Lautbildung von *k* und *g*. Das Lachen mit den Kindern ist vorprogrammiert, was wiederum zu einer Stärkung der Zwerchfellmuskulatur und damit zu einer Verbesserung der Lautbildung führt.

Einsatz der Arbeitsblätter

Zu jedem Laut haben wir zwei **Arbeitsblätter** konzipiert. Sie können diese mit den Kindern im **Unterricht** erarbeiten oder sie ihnen kopiert für die **häusliche Arbeit** mitgeben. Diese Arbeitsblätter tragen dazu bei, dass die Kinder den jeweiligen Laut besser kennen lernen. Wichtig ist, dass Sie jedes Arbeitsblatt **genau erklären**. Lesen Sie den Kindern die Aufgabe vor und zeigen Sie ihnen, falls erforderlich, wie sie die Übung durchführen sollen.

An alle, die mit Kindern arbeiten

Was Sie bedenken sollten

Wir geben zu bedenken, dass die Geschichten eine notwendige **Therapie** nicht ersetzen möchten. Wenn ein **Vorschul- oder Schulkind** die Laute noch nicht korrekt bilden kann, dann sollte es noch vor Schuleintritt bzw. zum schnellstmöglichen Zeitpunkt eine Therapie erhalten. Dies ist zum Beispiel der Fall, wenn ein Kind mit fünf Jahren beim Sprechen für ein *sch* ein *s* oder für ein *k* ein *t* einsetzt. Ein Besuch beim Kinder-Arzt, Hals-Nasen-Ohren-Arzt oder Pädaudiologen (Facharzt für kindliches Hören) ist dann erforderlich.

Erfahrungen aus der therapeutischen Arbeit

In der therapeutischen Arbeit haben wir bereits drei Jahre lang Erfahrungen mit den Geschichten gesammelt. Wenn wir einen Laut mit den Kindern erarbeitet hatten, lasen wir entweder in der **Therapiestunde** die passende Geschichte vor oder aber gaben sie den **Eltern** für zu Hause mit. Zu Hause wurden die Geschichten dann von den Eltern, Großeltern, Onkeln, Tanten usw. vorgelesen. Mit den Kindern sollte danach eine fanta-sievolle **Unterhaltung** stattfinden. Diese spielerische und scheinbar mühelose Unterstützung führte dazu, dass die Kinder den entsprechenden Laut viel eher beherrschten und in die **Alltagssprache** übernahmen. Das ist ein nicht zu verachtender Effekt – auch vor dem Hintergrund der Entwicklungen im **Gesundheitssystem**, die uns immer mehr in die Pflicht nehmen, uns selbst aktiv um unsere Gesundheit zu bemühen.

Schlussbemerkungen

Die „Lustigen Laut-Geschichten“ bilden eine **optimale Unterstützung** für den Alltag **zu Hause**, im **Kindergarten**, in der **Schule**, in der **Förderung** und der **Therapie**. Bei der Arbeit an diesen Geschichten haben wir uns häufig wieder als Kind gefühlt und viel gelacht. Dem Schreiber der Geschichten, Herrn Hans Werner Piatek, dem Illustrator der Bilder, Herrn Torsten Kropp, und mir, Ute Gerresheim, der Informationsgeberin zu den Lauten sowie den Arbeitsblättern, haben sie viel **Spaß** und **Freude** bereitet. Wir sind sicher, dass Sie diesen Spaß und diese Freude beim Einsatz der Geschichten in der Arbeit mit Kindern ebenfalls haben werden.

Sollten Sie noch eine **andere Einsatzmöglichkeit** suchen, dann probieren Sie doch einmal, die Geschichten an einem **Abend mit Freunden** zu lesen. Sie können sie z.B. mit einem Daumen zwischen den Zähnen lesen (oder auch einem Korken, doch Achtung, das gibt eventuell Muskelkater in der Kiefergelenkmuskulatur).

Die Geschichten ganz schnell zu lesen, bedeutet auch für Erwachsene – wie bei den bekannten Schnellsprechsätzen – eine große Herausforderung. Manches **Fest** oder auch manche **Fortbildung** wurde von uns damit bereits gestaltet – und dies hat immer zu einer entspannten und fröhlichen Atmosphäre geführt. Ihrer Fantasie sind keine Grenzen gesetzt. Im Gegenteil, wir möchten, dass Sie Ihrer Fantasie Flügel wachsen lassen, so wie es dem pfiffigen Philipp aus Afrika gelungen ist (s. S. 21 – 28).

Wir wünschen Ihnen eine entspannte, fröhliche, kreative und damit fördernde Atmosphäre im Umgang mit den Kindern.

Ihr Team der „Lustigen Laut-Geschichten“

Hans Werner Piatek — *Ute Gerresheim* — *Torsten Kropp*

Robby Rhabarberrot, der Rächer der Raben (1/7)

R

Der kleine Rabe *Robby Rhabarberrot* wohnt
mitten im Rabental in einem romantischen Reihenhaus.
An dem Reihenhaus ranken im Sommer rote Rosen.
Es steht in der Nähe des Rhein-Ruhr-Gebietes.
Der *Robby* soll ein richtiger Raufbold sein,
der keine Rauferei auslässt. Ein richtig rüder Geselle.
So erzählt man sich, rund ums Rabental.
Aber Raben reden viel.

Regelmäßig jeden Morgen rücken *Robby*
und die ganze Rabenschar recht zeitig
im riesigen Rhabarberwald an.
Der Rhabarberwald liegt neben dem Rabental.
Die Raben kommen,
um die roten Rhabarberstangen zu ernten.
Dann rupfen und reißen sie. Sie rütteln und räumen.
Und sie rackern vor sich hin. Das rauscht, rattert
und rumpelt ganz schön im Rhabarberblätterwald.
Respekt, Respekt. Alle Achtung.

Dann rollen die rundlichen Rhabarberstangen
rauschend runter Richtung Ruhrtal. Das Ruhrtal heißt so,
weil sich durch das Tal der Fluss Ruhr ringelt.
Also, richtig rum erzählt, entspringt die Ruhr
im Sauerland (da wo Sarah Sasahnie wohnt).
Sie fließt irgendwann durch das Rabental,
und dann rechts durch den Rhabarberwald.
Dann durch das Ruhrtal, und in Duisburg mündet sie
in den Rhein. Aber das erzähle ich nur so am Rande.

Robby Rhabarberrot, der Rächer der Raben (2/7)

Unten im Ruhrtal, regelrecht direkt an der Ruhr,
ragen die rauchenden Schornsteine
einer riesigen Rhabarberkompottfabrik in den Himmel.
Dort rollen die Raben über eine Rampe
die rundlichen Rhabarberstangen rasant
in eine Fabrikhalle.

Unser kleiner Rabe *Robby Rhabarberrot* rackert immer
in der ersten Reihe mit. Ihr wisst ja noch:
Man nennt ihn so, weil er in einem Reihenhaus wohnt,
um das rote Rosen ranken.
Ruhelos und redlich bei Regen und bei Sonnenschein
roden die Raben den Rhabarberwald.

Da reißt es schon mal im Rücken und rappelt im Karton.
Vor allen Dingen bei dem regen Bücken
ohne Ruhetag und Rast. Und wenn die Raben
so richtig geschafft sind, dann singen sie mit ihren rauhen,
rauchigen Stimmen traurig das Rhabarberrabenlied:

Rhabarber, Rhabarber, Rhabarberblätter
– wir rupfen und reißen bei jedem Wetter.
Rhabarber, Rhabarber, Rhabarberraben
rufen ratlos nach Ruhetagen: „Rar, rar, rar, rar!“

Die riesige Rhabarberkompottfabrik macht richtig Reibach.
Sie gehört der reichen Ratte *Richard von Rabenherz*.
Diese Ratte regiert rigoros im Rabental,
im Rhabarberwald und im Ruhrtal.
Zur Zeit der Raubzüge ritt *Richard von Rabenherz*
als Ritter mit Rüstung auf seinem schwarzen Rappen
mit seinen Reitern durch das Land.

Robby Rhabarberrot, der Rächer der Raben (3/7)

So hat er das rätselhafte Rezept
für die Rhabarberkompottzubereitung erobert
und mit ins Ruhrtal gebracht.

Rasch wurde dann die Rhabarberfabrik gebaut.
Fortan rechnete er jedes Rhabarberkompottglas nach
und ließ die Raben nicht mehr zur Ruhe kommen.
Richtig rücksichtslos. Denn er gab ihnen auch nichts ab.

Robby Rhabarberrot und die anderen Raben hatten
noch nie in ihrem Rabenleben Rhabarberkompott probiert.
Geschweige denn Rhabarberkuchen.
Weil man ja für den Rhabarberkuchen wieder
das Rhabarberkompott braucht.
Das konnte nicht so weitergehen im Rabental.

Und richtig. *Richard von Rabenherz* rafft und rafft.
Aber er hat die Rechnung ohne *Robby Rhabarberrot*,
den Rächer der Raben, gemacht. In einer regnerischen,
rabenschwarzen Nacht ruft der kleine Rabe
alle Rhabarberraben zu einer großen Rabenversammlung
in den Rabenhorst zusammen. Sie reden aufgeregt
durcheinander. Sie reden von Regeln und Richtlinien.
Sogenannten Rhabarberrabenroderegeln.

Geheimnisvolle Wörter wie Rabenrahmenbedingungen
und Rhabarberrabentarifvertrag machen die Runde.
Alle wollen um ihr gutes Recht ringen. Denn zumindest
hätten sie so gerne ein, zwei Ruhetage in der Woche
und ab und zu mal eine Ration Rhabarberkompott.

R

Robby Rhabarberrot, der Rächer der Raben (4/7)

Aufgeregt singen sie das Rhabarberrabenlied:

Rhabarber, Rhabarber, Rhabarberblätter
– wir rupfen und reißen bei jedem Wetter.
Rhabarber, Rhabarber, Rhabarberraben
rufen ratlos nach Ruhetagen: „Rar, rar, rar, rar!“

„Rar, rar, Ruhe, Ruhe!“, ruft *Robby Rhabarberrot* rechtzeitig in den Raum – bevor es richtig rundgeht und Rabatz gemacht wird.
„Werdet nicht rappelig, regt euch nicht auf, ich glaube, ich habe die rettende Lösung.“
Damit die reiche Ratte, *Richard von Rabenherz*, etwas rausrückt, hat *Robby* einen raffinierten Plan ausgeheckt: „Da wir nicht in die Rhabarberfabrik rein dürfen, werden wir die nächste Kutsche mit Rhabarberglasringen abfangen und stibitzen. Denn die roten Gummiringe braucht *Richard von Rabenherz* unbedingt, um die Rhabarbergläser richtig dicht abzuschließen. Dadurch wird das Rhabarberkompott im Glas haltbar. Konservieren nennen das die Menschen“, weiß *Robby Rhabarberrot.*

Ein wirklich raffinierter Plan.
Ohne Ringe keine Rhabarberkompottgläser.
Und ohne Rhabarbergläser keinen Reibach für *Richard.*
Und wie man auch schon von Verwandten der Raben, den diebischen Elstern, weiß: Ringe rauben ist Rabenlogik. Und so wird ratz-fatz (richtig schnell) in der nächsten rabenschwarzen Nacht die gesamte Kutsche mit Rhabarberglasringen in den Rabenhorst entführt und hinter Schloss und Riegel gesetzt. Samt Ross und Reiter.
Nur ein Reh war Zeuge.

Robby Rhabarberrot, der Rächer der Raben (5/7)

„Ja, rutscht mir doch den Rücken runter!“,
raunzt *Richard von Rabenherz* zornig
und rauft sich die Rattenhaare. Der Rhabarberkönig
vom Ruhrtal ist ratlos und regelrecht hilflos.
Was soll er bloß machen? Ohne Gummiringe
kann er keinen Rhabarberkompott abfüllen.
Die Leute aus den Städten und Randgebieten
rufen schon an und fragen und warten
auf die Rhabarberglaslieferung aus dem Ruhrtal.
Aber die Raben rücken die Ringe nicht raus.

Robby Rhabarberrot, der Rächer der Raben (6/7)

So beschließt *Richard von Rabenherz* versöhnlich
mit den Raben zu reden. Er bittet alle Rhabarberraben
an seinen runden Tisch.
Wieder reden sie über Rechte und Richtlinien und wieder
über die sogenannten Rhabarberrabenroderegeln.
Aber diesmal reden sie mit *Richard*.
Die Raben klagen über Rückenschmerzen
vom Reißen und Rupfen ohne Rast und Ruhe.
Richard räumt nicht ohne Reue ein, dass sich etwas
ändern muss. Denn das hat er alles gar nicht so gewusst.

So entstehen am runden Tisch im Ruhrtal
die ersten offiziellen Rhabarberrabenroderegeln,
von denen die kleinen Raben noch ihren Kindern erzählen
werden. *Richard von Rabenherz* wird,
weil er so ein großes Herz beweist,
später in manchen Berichten
auch *Richard Löwenherz* genannt.

Fortan kriegen die Rhabarberraben regelmäßig
ihre Ration Rharbarberkompott und ein bis zwei Ruhetage
pro Woche. Zum Rasten und Ausruhen.
Sogar ein Rabendoktor aus Rheinland-Pfalz reist an
und reibt den Raben bei Schmerzen den Rücken ein.
Natürlich rückten die Raben die Ringe wieder raus
und endlich kehrte wieder Ruhe ein im Rabental.

Und wenn ihr mal darauf achtet:
Nicht nur im Ruhrgebiet haben die meisten Raben
immer noch zwei Ruhetage pro Woche.
Nur das Rhabarberkompott und die roten
Rhabarberglasringe sind schon fast ausgestorben.
Aber man bekommt es immer noch. Fragt mal die Oma!

Die
1. Offiziellen
Rhabarberraben-
roderegeln
SAMSTAG
23
Juli
Ruhetag
Von Rabenhe
Rhabarberk

Die Rhabarberstangen rollen in die Fabrik

Lass die Rhabarberstangen über die Rampe rollen. Male jedes Rollen mit einem Stift nach. Sprich dabei das Wort „*rrroll*" laut und mit rollendem *r*.

Robby Rhabarberrot und seine Freunde rauben die Kutsche

Zähle die Kisten auf der Kutsche. Es sind ______ Kisten.

Male in jede Kiste 20 rote Ringe. Sprich dabei immer das Wort „*rrrein*“ mit einem rollenden *r*.

Informationen zum Laut *r*

Wie wird der Laut gebildet?

Der Laut kann nicht abgelesen werden. Er kann aber gut mit der Hand am Hals gefühlt werden. In der deutschen Lautung gibt es verschiedene *r*-Laute. Sprechen Sie einmal das Wort *„Eimer“* mit der Hand am Hals. Sie spüren am Wortende kein *r*. Sprechen Sie das Wort *„rot“* und Sie spüren das *r*. Der Zungenrücken vibriert beim *r* rauf und runter. Im Süden Deutschlands und in südlichen Ländern wird das *r* als Zungenspitzen-*r* gesprochen. Dabei vibriert die Zungenspitze gegen den vorderen Gaumen.

Voraussetzungen

- Zungen- und Gaumensegelbeweglichkeit
- Zwerchfellspannung
- Koordinationsfähigkeit der Zunge
- Zungenrücken zum Gaumen bewegen können

Häufige Fehlbildung

Statt einem *r* wird ein *l* gebildet. (Das kommt z.B. bei Kindern vor, deren Eltern als Muttersprache Polnisch oder Russisch sprechen.)

Bewegungsunterstützung bei der Bildung des Lautes *r*

- Zeige- und Mittelfinger rhythmisch rauf und runter bewegen
- beide Hände mit rollenden Bewegungen auf den Körper zu bewegen, dabei z.B. sprechen *„Rolle, rolle, rolle – wie ein Knäuel Wolle!“*

Unterstützende Übungen und Spiele

- mit Wasser gurgeln
- Lieder gurgeln und die anderen raten lassen
- Spiele durchführen, bei denen ein Gegenstand rollt, und dabei Wörter wie *„roll“*, *„rein“* oder *„rum“* sprechen, Beispiele: Kegeln, Murmeln, Flaschendrehen, Boccia
- ein Auto-Wettrennen mit dem Geräusch *„rrrr“* veranstalten
- mit geschlossenen Augen einem Regenmacher lauschen (s. Abb. unten: Holz- oder Pappröhre mit Perlen oder Schälerbsen darin) und das Geräusch nachmachen

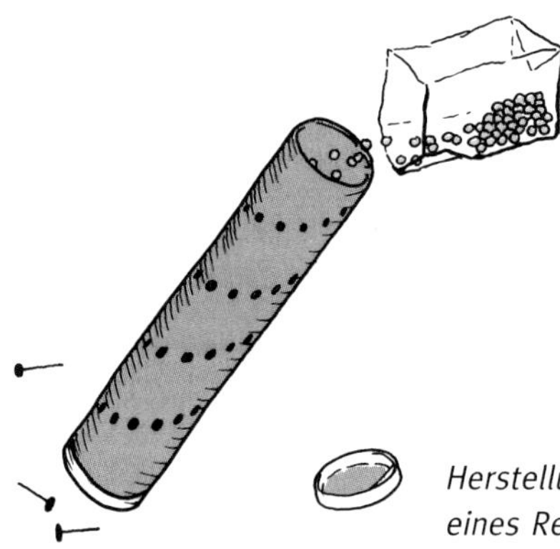

Herstellung eines Regenmachers

- Regenlieder singen, dabei die Regentropfen mit beiden Händen auf den Rücken eines Partnerkindes „tropfen“ lassen: Im Wechsel führt ein Kind die Vibrationen mit seinen Händen aus, das andere Kind spürt diese auf seinem Rücken. (Beispiel für ein Lied: „Es regnet, es regnet, die Erde wird nass.“)
- mit Rollschuhen oder einem Rollbrett auf unebenem Boden fahren, dabei einen Vokal, z.B. das *o*, bilden und die entstehenden Vibrationen spüren (Das macht auch Spaß beim Autofahren über eine unebene Straße.)

Der pfiffige Philipp aus Afrika und die Flügel der Fantasie (1/8)

F

Liebe Freunde! Für viele von euch ist Afrika
vermutlich viel zu fern, um es sich vorzustellen.
Vielleicht aber nicht zu entfernt,
um sich über die fantastische Geschichte
von *Philipp* zu freuen. *Philipp* ist ein Flusspferd.

Philipp ist kein völlig gewöhnliches Flusspferd,
das sich täglich froh und faul im Fluss wälzt und pflegt.
Weit gefehlt. *Philipp* ist ein Filou. Ein Schlaukopf.
Viele Freunde empfinden ihn als den
„Fuchs unter den Zwergflusspferden".
Weil er immer so frisch, fröhlich und pfiffig ist.

In den Fabeln wird der Fuchs immer
als sehr verwegen und schlau dargestellt.
Freilich ist ein Fuchs von der Figur her
nicht unbedingt mit einem Flusspferd zu vergleichen.
Denn ein ausgewachsenes Flusspferd wird
bis zu fünf Meter lang. Obwohl *Philipp*
für ein Flusspferd eine ziemlich fesche Figur macht.
In seinen farbenfrohen Fummeln.

An Festtagen trägt *Philipp* sogar fast immer
einen verrückten schwarzen Frack.
Weil die Farbe Schwarz schlank machen soll.
So sagen die Fachleute. Aber wie gesagt:
Die Figur eines Fuchses ist mit der eines Flusspferdes
nicht zu vergleichen. An und für sich.
Genauso wenig wie die Figur eines Flohs
mit der eines Elefanten.
Dazu fällt mir der Lieblingswitz von *Philipp* ein:

F

Der pfiffige Philipp aus Afrika und die Flügel der Fantasie (2/8)

Trifft ein Floh zufällig einen Elefanten.
„Vorsicht!“, sagt der Elefant.
„Fast hätte ich dir auf den Fuß getreten.“
Da sagt der Floh frech zum Elefanten:
„Macht nichts. Hätte mir auch passieren können.“
– Aber ich schweife ab.

Der *pfiffige Philipp* liebt die Freiheit.
Er forscht mit Vergnügen in den Sümpfen am Rande
des Flusses herum. Oft findet er leckere frische Früchte.
Die pflückt er dann rasch und verschlingt sie
flugs fröhlich.
Flusspferde haben einen phänomenalen Appetit.
Wenn man fies ist, kann man schon fast sagen,
dass sie verfressen sind. Aber sie sind Vegetarier.
Das heißt, der *pfiffige Philipp*
isst kein Fleisch und keinen Fisch.
Sondern er ernährt sich einfach nur von Pflanzen.
Viele Menschen übrigens auch.

Einige Fische sind sogar *Philipps* Freunde.
Zum Beispiel der *Ferdinand*.
Ferdinand ist ein afrikanischer Pfeifenfisch.
Oder auch Flötenmäuler genannt.
Weil er so ein flötenförmiges Maul hat.
Ferdinand und *Philipp* finden Flötenkonzerte
ganz fantastisch. Aber mal ganz ehrlich gesagt:
Es sieht schon ziemlich verrückt aus, wenn sie
unten am Fluss gemeinsam fröhlich flotte Lieder flöten.
Ein Flusspferd im schwarzen Frack,
das neben einem Pfeifenfisch sitzt.
Das sieht schon ziemlich verrückt aus.
Mancher zufällig vorbeikommende Zuschauer
aus dem Flussviertel schüttelt dann nur noch fassungslos
den Kopf. Mancher zweifelt auch an *Philipps* Verstand.

Der pfiffige Philipp aus Afrika und die Flügel der Fantasie (3/8)

F

Philipp hat viel Vergnügen an verrückten Dingen
und oft Unfug im Kopf. Er träumt von Dampferfahrten
durch den Sumpf. Und auch von Ferien im Schlaraffenland.
In seiner Fantasie fährt er mit einem Floß furchtlos
über den Fluss. In seiner Fantasie hilft er den Fröschen
beim Fliegenfangen. Er träumt vom Filmgeschäft
und vom Theaterspielen. Und davon, dass er sich
nach einer Vorstellung im Flusspferdtheater
immer vierundvierzig Mal verbeugen muss.
Und zwar bevor der letzte Vorhang fällt.
Verbeugen und „vielen Dank" sagen.
Verbeugen und „vielen, vielen Dank" sagen.
Verbeugen und „vielen, vielen, vielen Dank" sagen.
Vierundvierzig Mal.

F

Der pfiffige Philipp aus Afrika und die Flügel der Fantasie (4/8)

Verrückt ist er, der *pfiffige Philipp*. Aber vielleicht auch nicht. Denn träumen wir nicht alle von scheinbar Unerreichbarem? Von Fall zu Fall? *Philipp* ist auch ein großer Fan der Fliegerei. Er hat richtig Freude am Flugsport gefunden. Unser kleines Flusspferd träumt davon, im ‚freien Fall' durch die Luft zu fliegen. Frei wie ein Vogel. Mit einem Fallschirm natürlich. Ohne Fallschirm fühlt man sich in der Luft im „freien Fall" furchtbar nackt. Auch als fantasievolles Flusspferd. Übrigens: „Freier Fall" nennen die Fallschirmspringer die Zeit, die man vor dem Öffnen des Fallschirmes durch die Luft fliegt.

Am Freitag durchforscht *Philipp* wieder eifrig die Sümpfe neben dem Fluss. Höchstwahrscheinlich war es Freitag. Es war auf keinen Fall ein Feiertag. Denn der *pfiffige Philipp* hatte einen seiner knallbunten, farbenfrohen Fummel an. Die er feiertags ja nicht trägt. (Feiertags trägt er dafür den schwarzen Frack. Aber das wisst ihr selbstverständlich noch. Das pfeifen schon die Vögel von den Bäumen.) Er ist vergnügt wie fast immer. *Philipp* flötet und singt beim Durchforschen des Sumpfes ein Lied:

Flusspferde fliegen den Vögeln voraus.
Ein Fisch pfeift auf Fingern für den Applaus.
Ein Pfau fängt im Federkleid den Frühling in der Früh.
Viel Vergnügen mit deiner Fantasie!

Manchmal legt *Philipp* noch zwei völlig verrückte Verse nach:

Frösche fangen Fliegen
für fünfzig Pfennig Flaschenpfand.
Fliegen fangen viele Flöhe
für Mutti und fürs Vaterland.

Der pfiffige Philipp aus Afrika und die Flügel der Fantasie (5/8)

F

Philipp pfeift und forscht fröhlich vor sich hin,
doch plötzlich hört er ein gefährliches
fremdes Brummen in der Luft.
„Eine gute Zeit für die Flucht“, sagt *Philipps* Verstand.
Aber eigentlich sind Flusspferde furchtlos.
So wirft sich *Philipp* erst mal flach auf den Boden.
Also, zumindest so flach, wie sich ein Flusspferd
flach auf den Boden werfen kann.

Nach elf bis zwölf Sekunden stapft *Philipp*
vorsichtig weiter. Am Rande des Sumpfes findet sich
Philipp unversehens auf einem Flugfeld wieder.
Es ist versteckt zwischen Pflanzen und Bäumen.
Philipp ist ganz baff. Wer hätte das vermutet:
Ein kleiner Flugplatz versteckt sich in den Sümpfen.
Und das fremde Brummen kommt von einem Flugzeug,
das gerade in der Ferne landet.

Philipp ist fix und fertig. Er fühlt, dass sich
sein Traum vom Fliegen vielleicht bald erfüllen kann.
Dann fasst er sich ein Herz und marschiert
frech und forsch auf das Flugzeug zu.
Es ist ein kleines gelbes Propellerflugzeug.
Die zwei Flügel sind mit bunter Farbe angemalt.
„Irgendwie richtig niedlich und gar nicht gefährlich“,
findet *Philipp*.

„Hey“, flüstert plötzlich das Flugzeug.
„Hey, bist du nicht der *pfiffige Philipp* aus Afrika?
Der, der vom Fliegen träumt?“
Philipp ist völlig verdutzt und fragt sich,
wer da wohl flüstert.

F

Der pfiffige Philipp aus Afrika und die Flügel der Fantasie (6/8)

„Ich bin es“, sagt das Flugzeug diesmal ganz laut.
Mit vom Flugwind heiserer Stimme fügt es hinzu:
„Ich bin es, das Flugzeug! Jetzt sei nicht feige.
Steig ein. Wir drehen ein paar fesche Runden
und erfüllen deinen Traum vom Fliegen.“
Immer noch verdutzt hüpft *Philipp* flink
ohne viel nachzudenken in das kleine Flugzeug.
Philipp ist froh und aufgeregt zugleich.
Das Flugzeug brummt und faucht.
Es rollt immer schneller.
Dann fliegen sie wie ein Pfeil in die Luft.
„Es ist wie im Film“, ruft *Philipp*,
„es ist wie in einem Film!“

Von oben sieht der Sumpf aus wie eine Schale
mit Topfpflanzen. Der Flugplatz ist aus der Flugsicht
so groß wie ein Fingerhut.
Philipp flippt fast aus vor Vergnügen und freut sich.
So wie sich ein Flusspferd aus Afrika nur freuen kann.
Das Flugzeug folgt für ungefähr fünf Minuten
dem Flusslauf. Der schaut aus der Höhe aus
wie eine Giftschlange im Sumpfgras.
Es fliegt dann eine scharfe Kurve.
Es dreht freche Figuren in der Luft. Fällt nach vorn
und fängt sich dann wieder ab. Es fliegt rauf und runter,
und *Philipp* fühlt sich wie im Lift.

Zum Glück ist *Philipp* schwindelfrei.
Allerdings stellt man so etwas als Flusspferd
erst im Flugzeug fest. Denn Flusspferde gucken
verflixt selten aus einem Fenster im vierten Stock.
„Hey, *Philipp*“, ruft das Flugzeug wieder,
„jetzt erfülle dir deinen Traum vom ‚freien Fall‘.
Aber leg vernünftig den Fallschirm an. Wir treffen uns
dann auf dem Flughafen. Viel Vergnügen, *Philipp*!“

Der pfiffige Philipp aus Afrika und die Flügel der Fantasie (7/8)

F

Vor Vorfreude macht sich *Philipp*
fast in seinen farbenfrohen Fummel.
Doch dann springt er mit angelegtem Fallschirm
aus dem Flugzeug.
Hui! *Philipp* fliegt frei wie ein Vogel im „freien Fall“.
Ffffff, Fiiiich. Der Wind pfeift und fegt ihm um die Ohren.
Philipp fühlt sich fantastisch.
Und weil er wegen des pfeifenden Windes
nicht singen kann, flüstert *Philipp*.
Philipp flüstert seine Verse vor sich hin:

Flusspferde fliegen den Vögeln voraus.
Ein Fisch pfeift auf Fingern für den Applaus.
Ein Pfau fängt im Federkleid den Frühling in der Früh.
Viel Vergnügen mit deiner Fantasie!

Für *Philipps* Gefühl öffnet sich der Fallschirm viel zu früh.
Aber es hat schon seine Richtigkeit.
Philipp fliegt langsam auf den Sumpf zu
und legt eine sanfte Landung hin. Genauer gesagt:
Eine sanfte Landung für ein Flusspferd,
das zum ersten Mal Fallschirm gesprungen ist.
Ein wenig Rasenfläche hat schon gelitten.

Der Flugplatz und das Flugzeug
sind allerdings verschwunden.
Verwundert stampft der *pfiffige Philipp* Richtung Fluss.
Er nimmt sich fest vor, erneute Nachforschungen
vorzunehmen. Sofort am nächsten Morgen.
Am Fluss angekommen, fällt er erst mal erschöpft
in einen tiefen, festen Schlaf.

Der pfiffige Philipp aus Afrika und die Flügel der Fantasie (8/8)

Nun, *liebe Freunde*, was denkt ihr? Ist *Philipp*
wirklich geflogen oder ist vielleicht alles geflunkert?
Fantasie oder Wirklichkeit?
In der Fantasie kann man sich vieles vorstellen.
Fernes und Fantastisches. Freches und Verbotenes.
In der Fantasie wird Farbloses farbenfroh
und aus einem Fell wird vielleicht ein Frack.
Ob der *pfiffige Philipp* nun wirklich geflogen ist,
ist vielleicht gar nicht so wichtig.
Denn eines ist klar: Die Fantasie verleiht Flügel.

Philipps Fantasie hat Flügel

F

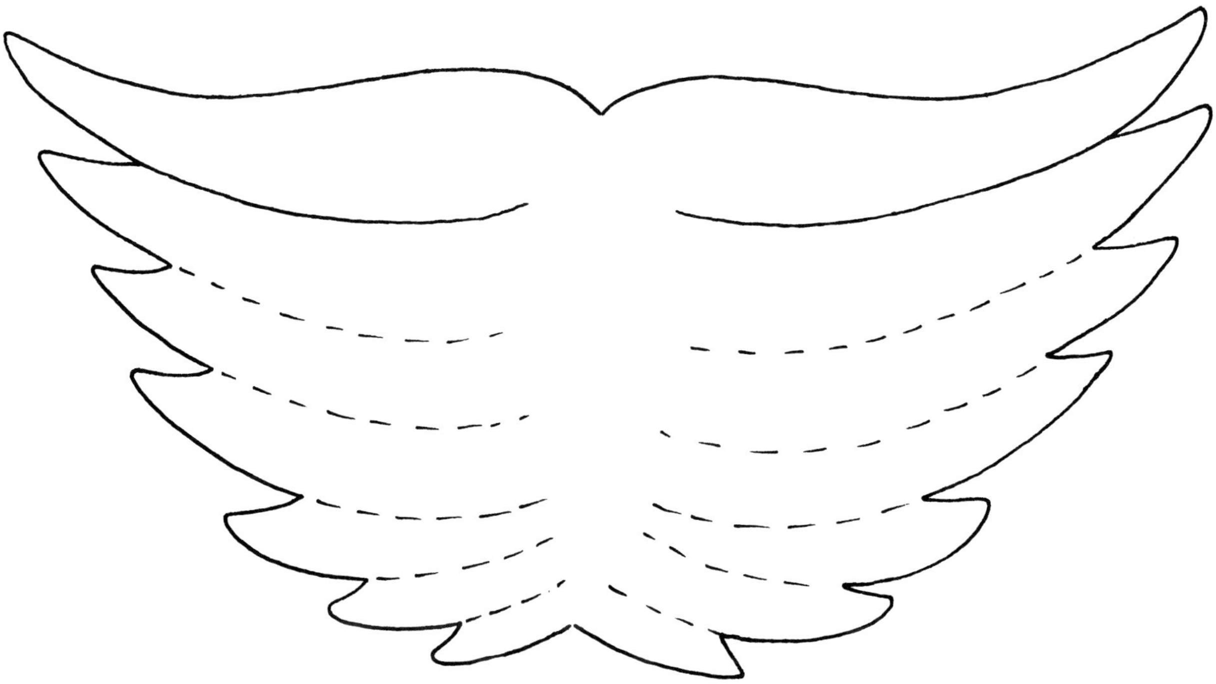

- **Male die Flügel zu Ende. Sprich bei jedem Strich ein leises *„ffff“*, so wie ein leiser Wind.**
- **Zum Schluss kannst du die Flügel mit Federn bekleben, ausschneiden und an einem dünnen Faden in ein Fenster hängen. Der Wind oder dein Atem lässt die Flügel dann hin- und herfliegen.**

Einige Fische sind Philipps Freunde

Philipps Fisch-Freunde bilden für ihn im Wasser ein Mandala.

Male das Fisch-Mandala aus.
Du kannst den Fischen auch noch Schuppen malen.

Der kleine Wal Wawawo und die fünf wichtigen W (1/8)

W

In einem der sieben Weltmeere wohnt
in den unendlichen Weiten der Unterwasserwelt
der kleine *Wal Wawawo*. Ganz weit weg vom Trubel
und Wirrwarr der Menschenstädte.
Nur wenige wissen genau wo. Denn Wale
bewältigen im Laufe ihres Lebens gewaltige Wege.
„Wale wandern", sagen die Wissenschaftler dazu.
Wawawo war in seinen wenigen Wanderjahren
schon viel unterwegs. So viel, dass er gar nicht mehr
genau weiß, wo er schon überall war.
Und so ist es immer wieder schön für den kleinen
Wal Wawawo, wenn er wieder mal zu Hause ist.
Er freut sich, wenn er in der Walwohnung
verweilen kann. Die liegt direkt neben einem Wrack
eines versunkenen Schiffes.

Zwischen Wohnung und Wrack hat sich *Wawawo*
einen Wigwam aus Wrackteilen gebaut.
So wie sie in den Indianerbüchern zu bewundern sind.
Sozusagen sein Kinderzimmer.
Eine Zwergwalspielbude.
Aber das ist auch schon ein wuchtiges Ding geworden,
denn ausgewachsene Wale
werden bis zu 30 Meter lang.
Wawawo ist natürlich noch lange nicht so weit.
Wahrscheinlich wird das Wachsen
auch noch eine Weile so weitergehen.
Deshalb hat ihm sein Vater auch
beim Bau des Wigwams geholfen.
Sein Vater ist ein würdevoller und wendiger Walbulle.
Wie viele Wrackteile letztendlich zum Bau
der Wigwam-Zwergwalspielbude nötig waren,
weiß keiner mehr genau. Aber es waren nicht wenige.

W Der kleine Wal Wawawo und die fünf wichtigen W (2/8)

Wawawos Mutter ist eine warmherzige Walkuh.
Sie wiegt weitaus mehr als zweiundzwanzig Tonnen.
Und sie wundert sich immer wieder,
wenn *Wawawo* von seinen Kurzwanderungen
merkwürdige Gegenstände mitbringt. Mit denen
verschwindet er dann immer in seinem Wigwam.

Die wahnsinnigen Menschen werfen willkürlich
und unvernünftigerweise immer öfter
für sie wertloses Zeug ins Wasser.
Dann wundern sie sich noch,
dass das Meer und die ganze Unterwasserwelt
von Woche zu Woche immer weiter verschmutzen.
So weiß die weise Walkuh zu berichten.
Als wenn die vom Umweltschutz noch nie
etwas gehört hätten.

Die wirklich unglaublichsten Sachen
werden in die Wellen geworfen.
Von der Waschmaschine bis zum Wohnwagen
ist alles schon in der Wasserwelt angekommen.
Wahnsinn! Und wenn ein Wal so einen Wohnwagen
mal vor den Kopf kriegt, dann wird er manchmal
ganz schön wütend. Und wenn Wale wütend werden,
dann wackelt die Wand.
Oder besser gesagt: dann wackelt das Meer.
Also, wenn ihr euch bitte merken wollt:
Keinen Müll ins Wasser werfen. Das ist nicht witzig
und zerstört die Unterwasserwelten.

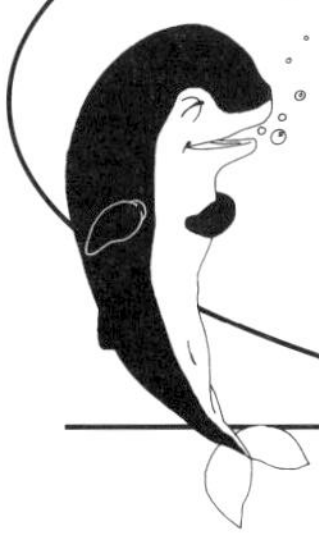

Der kleine Wal Wawawo und die fünf wichtigen W (3/8)

Der kleine *Wal Wawawo* weiß noch nichts
von den Umweltsorgen seiner weisen
und warmherzigen Walmama.
Obwohl er schon einiges
in der Wasserwelt-Wal-Dorfschule gelernt hat.
Zum Beispiel, dass Wale beim Auftauchen
gar kein Wasser durch die Nase spritzen.
Im Gegensatz zu der weit verbreiteten Vorstellung.
Die gewaltige „Fontäne“ habt ihr wahrscheinlich
schon mal im Film gesehen.
Sie besteht überwiegend aus Wasserdampf.
So wie beim Wasserkessel in der Küche.
Und nur aus ganz wenig Wasser. Aber das wissen
die wenigsten und ist wohl auch nicht sooo wichtig.

Doch wie gesagt, *Wawawo* weiß noch nicht
wirklich viel von seiner Wasserwelt.
Und er entdeckt wieder und wieder kleine Wunder.

Eines Mittwochs trifft *Wawawo*
auf einer Unterwasserwiese den *wilden Waldemar*.
Es war bei einer Kurzwanderung,
nicht weit von dem Wrack und der Walwohnung
mit *Wawawos* Zwergwalwigwam.
Der *wilde Waldemar* ist ein waschechter Wichtigtuer.
Aber meistens ist er ganz witzig.
Ein Großmaulwal, wie *Wawawo* ihn gelegentlich
scherzhaft nennt. Ein Weichwal.
Die Menschenkinder würden wohl Weichei sagen.

Der kleine Wal Wawawo und die fünf wichtigen W (4/8)

Der *wilde Waldemar* nennt sich am liebsten selber WW. Er weiß alles. Er schwimmt am schnellsten. Er ist am weitesten gewandert. Aber in Wirklichkeit war er so gut wie nie von der Unterwasserwiese weg. Aber er hat immer ein Lied oder eine witzige Weise eingeübt. Ob Winter oder Sommer. Und zu gerne führt er sie auf der Wiese vor. Ob man will oder nicht. So wie diese:

Wale wechseln wenig Worte,
Wale wechseln oft die Orte,
Wale wandern unter Wasser,
ein richtiger Wal ist ein nasser.

Der kleine Wal Wawawo und die fünf wichtigen W (5/8)

W

„Oh weia, was für ein Ohrwurm. Da werden ja
die Quallen weich“, ruft *Wawawo* quietschvergnügt.
„Ich weiß, ich weiß“, winkt der *wilde Waldemar* ab.
Er nimmt sich wieder furchtbar wichtig.
„Warum verschwende ich bloß
meine wunderbare Stimme
auf dieser Unterwasserdorfwiese?
Mein Weg wird mich direkt
zum Musiksender Viva führen.
Irgendwann werde ich
den ‚goldenen Wasserwerfer' gewinnen
– oder wie das heißt“, prahlt der *wilde Waldemar.*
„Wie wahr, wie wahr, du wirst den ‚goldenen Löwen'
gewinnen“, grinst *Wawawo.*
Aber innerlich wiehert er wie ein Seepferdchen.
Und sein Bauch wackelt vor Lachen.
Aber *Waldemar* ist ganz hin und weg.
Er will wild entschlossen eine Zugabe geben:

Wenn Wale weinen, dann wird aus Wasser Wein.
Das weiß das Walross
und auch das Wasserschwein.
Wenn Wale singen, dann werden Träume wahr.
Wünscht euch ein Lied, vom wilden Waldemar!

„So, jetzt ist aber genug“, sagt *Wawawo.*
Er beschwichtigt ein wenig die aufgewühlte Stimmung.
„Komm, wir schwimmen etwas zur Entspannung
zur Wasseroberfläche.“

Der *wilde Waldemar* willigt mit wichtiger Geste
wohlwollend ein und winkt noch mal dem Publikum.
Drei weibliche Wale waren als Fanclub
während der Vorführung anwesend.
Außerdem noch ein verwirrter Kopffüßer*
aus Wasserburg.

[* Tintenfisch]

W

Der kleine Wal Wawawo und die fünf wichtigen W (6/8)

Dann schwimmen sie, wild und wirbelnd,
Richtung Wasseroberfläche. Der *wilde Waldemar*
legt ein wahnsinniges Tempo vor. Er will wohl
wieder beweisen, wie schnell er schwimmen kann.
„Sei nicht so waghalsig!",
warnt der kleine *Wal Wawawo*.
„Du weißt, was unsere Väter sagen: Hier soll es
manchmal von Walfängern nur so wimmeln."
Doch der *wilde Waldemar* schlägt alle Warnungen
in den Wind. *Waldemar* will sich wieder wichtig tun
und schwimmt wild drauflos.
Ohne nach links und rechts zu schauen.

Und als wenn *Wawawo* es geahnt hätte:
Plötzlich, wie aus dem Nichts,
taucht der gewaltige Schatten
eines Walfängerschiffes in den Wellen auf.
Wusch! *Wawawo* sieht nur noch von weitem,
wie eine Harpune durch das Wasser zischt.
Eine Harpune ist an sich eine Wurfwaffe,
ein Wurfspieß mit Widerhaken.
Aber die Walfänger schießen
ihre gewaltigen Harpunen sogar mit Kanonen ab.
Wusch! Oh weh! Die Harpune streift
die Schwanzflosse vom *wilden Waldemar*
und fügt ihm eine Wunde zu. Oh weh! Oh weh!

Der *wilde Waldemar* weint ein paar Waltränen.
Denn das Schwimmen fällt ihm sehr schwer.
„Schnell, *Wawawo*, ruf Hilfe, ruf den Walnotdienst
an", wimmert der *wilde Waldemar* schwach.
Zum Glück hat *Wawawo*
in der Wal-Dorfschule aufgepasst.
Wawawo weiß, wie man einen Unfall melden sollte.

Der kleine Wal Wawawo und die fünf wichtigen W (7/8)

W

Man soll nämlich, wenn man einen Unfall meldet,
die fünf wichtigen W beachten.
Und auf dem Weg zur Walnotrufsäule
sagt *Wawawo* die fünf wichtigen W noch mal auf:

1. **W**er bin ich?
2. **W**o ist es passiert?
3. **W**as ist passiert?
4. **W**ie viele sind verletzt?
5. **W**elche Verletzungen sind entstanden?

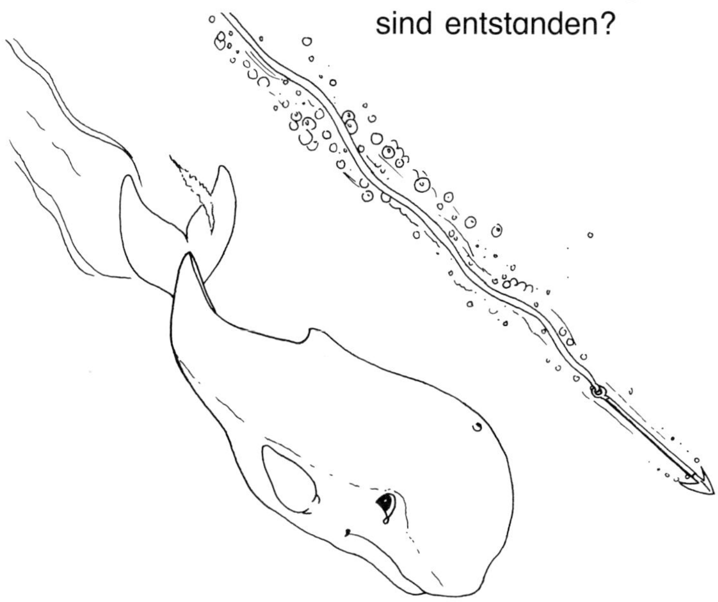

Der kleine Wal Wawawo und die fünf wichtigen W (8/8)

An der Walnotrufsäule angekommen
weiß *Wawawo* dann genau, was er zu sagen hat:
„Hallo, hier ist der kleine *Wal Wawawo*.
Wir sind an der Wasseroberfläche
oberhalb der Unterwasserwiese.
Der *wilde Waldemar* ist von einer Harpune
an der Schwanzflosse verletzt worden."

Weil *Wawawo* so ruhig geblieben war
und so genaue Angaben machte,
war der Walnotdienst ganz schnell zur Stelle.
So konnte dem *wilden Waldemar*
sofort geholfen werden.
Zum Glück war es nur ein Streifschuss
und die Wunde war nicht so gefährlich.
Der *wilde Waldemar* war bald wieder auf dem Damm.

Aber ihr solltet jetzt mal hören, wenn der
wilde Waldemar auf der Wasserwiese erzählt:
zum Beispiel wie er mit den Walfängern um die Wette
schwamm. Da biegen sich die Balken.
Da wackeln die Wellen.

Auch sein Fanclub – mit den drei weiblichen Walen –
hat ganz schön Zuwachs bekommen.
Und wenn der *wilde Waldemar* seine traurigen Weisen
anstimmt, dann vibriert die Unterwasserwiese:

Wenn Wale weinen, dann wird aus Wasser Wein.
Das weiß das Walross
und auch das Wasserschwein.
Wenn Wale singen, dann werden Träume wahr.
Wünscht euch ein Lied, vom wilden Waldemar!

Der Wal Wawawo ist traurig über die wilde Müllhalde

W

Wawawo ist traurig über die wilde Müllhalde.
Er möchte das Meer aufräumen.

- **Suche die Dinge, die Menschen in das Meer geworfen haben, obwohl sie nicht hineingehören.**
- **Male alles, was in das Meer gehört, bunt aus. Die anderen Gegenstände kannst du dann blau übermalen. Damit hast du Wawawo geholfen, das Meer aufzuräumen.**

Welche fünf wichtigen W meldet Wawawo?

Stell dir vor, du würdest Wawawo helfen, wenn er den Unfall meldet. Sprich die W-Wörter ganz deutlich:

Wer – Wo – Was – Wie viele – Welche

Beantworte danach die W-Fragen. Wenn du dir die Bilder ansiehst, kannst du die Fragen leicht beantworten.

Deine Antworten:

Wer bin ich? ______________________________

Wo ist es passiert? ______________________________

____

Was ist passiert? ______________________________

____

____

Wie viele sind verletzt? ______________________________

Welche Verletzungen sind entstanden?

____

____

Informationen zu den Lauten *f* und *w*

Wie werden die Laute gebildet?

Beide Laute werden auf gleiche Art gebildet, allerdings der Laut *f* ohne und der Laut *w* mit Stimme. Das kann als Vibration am Hals gespürt werden. Die Laute sind Reibelaute. Die Unterlippe berührt die untere Kante der oberen Schneidezähne. Es bleibt eine Lücke, damit Luft ausströmen und gerieben werden kann.
Die Zunge ist nicht an der Lautbildung beteiligt, sie liegt flach im Mund.

Voraussetzungen

- Luftstromlenkung durch den Mund
- vorhandene obere Schneidezähne
- Kraft der Unterlippe
- beim Laut *w* zusätzlich das Schwingen der Stimmlippen

Häufige Fehlbildung

- bei fehlenden oberen Schneidezähnen, die möglicherweise schon im Vorschulalter entfernt wurden oder kariös sind (Das führt aber nicht immer zu einer Fehlbildung, da viele Kinder in der Lage sind, es auszugleichen.)
- im Zahnwechsel, wenn die Frontzähne fehlen
- bei schlaffer Lippenmuskulatur oder durch Narbenzug, z.B. bei Kindern, die an einer Spalte operiert worden sind
- bei nicht gelingender Luftführung durch den Mund: Die Luft entweicht dann durch die Nase (bei eingeschränkter Gaumensegeltätigkeit). In solchen Fällen sollte immer eine Therapie erfolgen.

Bewegungsunterstützung bei der Bildung der Laute *f* und *w*

- Bewegungen machen, die nach vorne gerichtet sind (Unterstützung der Bewegungsrichtung der Luft)
- Flugbewegungen eines Vogels machen, indem die Arme rauf und runter bewegt werden (Unterstützung der Atmung)
- einen mit Speichel angeleckten Zeigefinger vor die Unterlippe halten: Bei der Lautbildung wird der Finger kalt.

Unterstützende Übungen und Spiele

Alle Blase- und Puste-Übungen, die die Atmung und das Zwerchfell aktivieren, unterstützen die Lautbildung:

- eine Pustekiste basteln, in der alle Dinge, die gepustet werden können, gesammelt werden: Federn, Watte, Styropor, Blätter, Tröten jeder Art u.v.m.
- aus in der Natur gesammelten Dingen wie Federn, Blättern o.Ä. an Stöckchen kleine Mobiles basteln, die zum Pusten anregen

- ein Konfettibild herstellen: zuerst einen Vogel malen, Klebstoff aufbringen, dann Konfetti auf den Klebstoff pusten und es auf diese Weise aufkleben
- eine Übung mit einem Luftballon machen: den Luftballon zuerst langsam auf-pusten, bis er prall gefüllt ist (stärkt die Atemmuskulatur, vor allem das Zwerchfell), dann den Luftballon durch Pusten auf Gegenstände zielen bzw. in der Luft halten

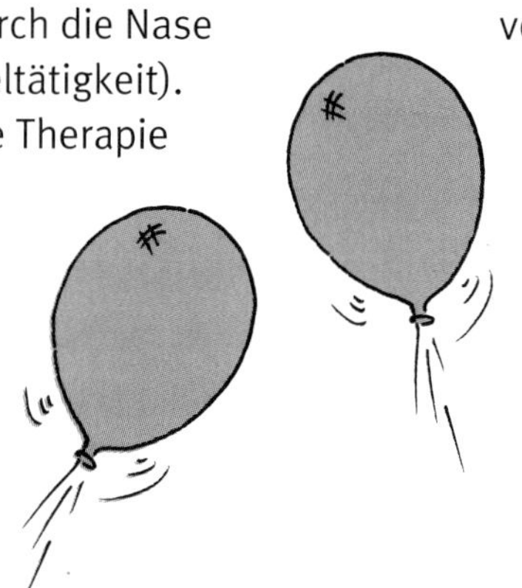

Informationen zu den Lauten *f* und *w*

Unterstützende Übungen und Spiele *(Fortsetzung)*

- auf dunkle Pappe Schattenbilder (Umrissbilder) malen, z.B. eine Schneelandschaft: dem Bild entsprechend Klebstoff aufbringen und dann Mehl auf den Klebstoff pusten, sodass ein Bild mit „Schnee“ entsteht (Die Kinder sollten dazu alte Kleidung anoder überziehen.)
- mit einem Tischtennisball Tischfußball spielen, dazu Tore malen oder basteln

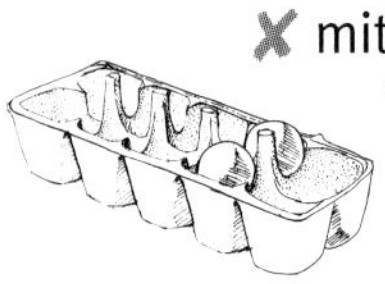

- einen Tischtennisball in einen Eierkarton pusten: Wenn in die Vertiefungen des Eierkartons Zahlen geschrieben werden, wird daraus ein Gewinnspiel.
- große Seifenblasen machen: Geschirrspülmittel in eine große Schüssel Wasser geben, um daraus mit Strohhalmen große Blasen zu machen, dem Partner dann mit *„ffff“* die Blasen zufliegen lassen

- kleine Lieder oder Reime lernen, z.B.:
  Fliege, fliege, kleine Fliege fein,
  wo mögen nur die Fische sein?
  Falle, falle, kleines Blatt,
  bis der Baum kein Blatt mehr hat.

Ideen für den Laut *w* mit Stimme

- sich ganz schnell drehen, die Arme wirbeln in die Luft , dabei mit *„wwww“* den Wind nachmachen
- Trommeln oder Dosen schlagen, dabei die Silbe *„Wum“* bilden: Wenn man diese Übung mit einer Gruppe macht, können verschiedene Silben verteilt werden (z.B. *„Wum“*, *„Wom“*, *„Wam“*, *„Wim“*). Damit kann man ein kleines Trommelkonzert veranstalten.

Ein angeleitetes multisensorisches Spiel

Die folgende multisensorische Übung ist angelehnt an das 5-Elemente-Konzept BodySense® nach J. Woldt und R. Suchy.

Hier werden Geräusche mit einer bildlichen Vorstellung verbunden, bei der die Farbe Weiß eine besondere Rolle spielt. Außerdem sind passende Bewegungen zur Stärkung der Lunge integriert. Die Übung unterstützt das Element Metall der Chinesischen Energielehre und damit die Lunge und den Dickdarm:

1. mit gestreckten Armen und Daumen nach oben gerichtet so tun, als wollten die Daumen die weißen Wolken anstechen, dabei ein lautes Windgeräusch machen (Unterstützung der Lunge)
2. mit großer Armbewegung und Windgeräusch dem Wind mithelfen, Blätter vom Baum zu holen
3. danach mit angewinkelten Armen und den Beinen nach hinten versuchen, die Blätter „wegzutreten“: Sie können mit dem Wort *„weg“* weggetreten werden (so als wollten die Kinder einen Fußball nach hinten treten).

Cicki Okeka, der Kletterbeutler, und das Känguru Kao (1/8)

K

Der kleine *Cicki Okeka* wohnt
auf einem knorrigen Eukalyptusbaum
auf dem Kontinent Australien.
Vom Kontinent Australien kommen auch die Kängurus.
Die könntet ihr vielleicht schon kennen.
Im Lexikon kann man lesen:
Australien ist mit 7,7 Millionen Quadratkilometern
der kleinste Erdteil. Er liegt auf der südlichen Halbkugel
der Erde. Die Hauptstadt heißt Canberra.

Cicki Okeka kümmert das aber kaum.
Er kennt nur seinen großen Eukalyptuswald.
Dort klettert er clever und gekonnt von Ast zu Ast.
Cicki kann sehr gut klettern.
Und weil er auch einen Beutel hat – so wie ein Känguru –
nennen die Menschen ihn einen Kletterbeutler.
Die meisten kennen den kleinen Knirps
auch unter dem Namen Koalabär.
Cicki hat einen großen, klobigen Kopf und kurze Beine.
An jedem Fuß hat er fünf Zehen mit kräftigen Krallen.
Mit denen klammert er sich klipp-klapp
an den Eukalyptusbaumästen fest.

Keiner weiß warum, aber Koalabären
trinken kein Wasser. Nie. Sie kauen nur ständig
auf Eukalyptusblättern herum. Kaum zu glauben.
Er ist schon ein komischer Kauz, der kleine *Cicki Okeka*.
Aber wenn die kräftigen Krallen nicht wären,
dann sähe er aus wie ein putziger kleiner Teddybär.
So könnte man klammheimlich denken.

K

Cicki Okeka, der Kletterbeutler, und das Känguru Kao (2/8)

Jeden Sonntag klettern *Cicki*
und die anderen kleinen Koalas
mit ihren Eltern zur Eukalyptuskirche.
Dort klimpert eine alte Koalabärin
auf einem klapprigen Klavier
klassische und christliche Lieder.
Und der Kirchenchor singt dazu krächzend
und keineswegs leise.
Oh je. Es ist zum Krallenkräuseln.

Nach der Kirche trifft sich *Cicki* oft
mit seinem alten Kollegen *Kao*.
Sie treffen sich an der kleinen Quelle.
Direkt neben der Kreuzung am Rande
des Eukalyptuswaldes.
Dort wo das Dickicht des Waldes
eine fast kreisrunde Hecke um die Quelle bildet.
Da kann sie nämlich keiner sehen.

Kao ist ein Känguru und nicht nur ein begeisterter
Kickboxer. Er ist auch ein cleverer Kartenspieler,
der viele komplizierte Tricks kennt.
Kao kann auch Skat und Canasta.
Aber mit *Cicki Okeka* spielt er
meistens Klamottenquartett.
Bei dem Spiel gewinnt der, der als Erster
vier Karten mit Kleidersachen gesammelt hat.
Vier Sachen, die man in einen Kleiderschrank hängen
kann. Zum Beispiel: Krawatte, Kleid, Karnevalskostüm
und Kordhose. Kleiderbügel und Kassettenrecorder
zählen nicht. Weil ein Kleiderbügel sowieso immer
im Kleiderschrank hängt und ein Kassettenrecorder
im Kleiderschrank nicht gut klingt.
„Der hat dort auch nichts zu suchen“, sagt *Kao*,
und der kennt sich aus.

Cicki Okeka, der Kletterbeutler, und das Känguru Kao (3/8)

K

Cicki Okeka, der Kletterbeutler, und das Känguru Kao (4/8)

Kao trägt immer eine kecke karierte Sportlerkappe
aus dem Kickboxverein. Das ist bei einem Känguru
eher ungewöhnlich. An sich ein köstlicher Anblick.
Aber *Cicki* und *Kao* kommen damit klasse klar.
Zumal Koalabären in der Regel keinen besonderen Wert
auf korrekte Kleidung legen. Das mag vielleicht
aber auch daran liegen, dass im Eukalyptuswald
die Einkaufsmöglichkeiten ziemlich knapp sind.

Die neusten Knüller der aktuellen Mode
sind schlecht zu kriegen. Höchstens mal Karohemden.
Oder Pullover aus dem Kunststrickclub.
„Ein Königreich für ein Kaufhaus", sagt *Cicki*
deshalb schon mal spaßeshalber. Aber nun genug
mit Klatsch und Tratsch aus der Kleiderwelt.
Kommen wir zurück zu unserer Geschichte.

Auch an diesem Sonntag trifft sich *Cicki Okeka*,
der Koalabär, wieder nach der Kirche mit *Kao*,
dem Känguru. Ihr wisst schon wo?
Genau: An der kleinen Quelle neben der Kreuzung
am Rande des Eukalyptuswaldes.

Kao ist heute ganz aufgekratzt.
Dem *Cicki* ist ja schon seit langem bekannt,
dass *Kao* manchmal im Touristencamp aus Jux
den Touristen Kleinigkeiten klaut.
Er versteckt diese dann klammheimlich
in seinem Beutel. Mal einen Kamm oder einen Knopf.
Mal ein Klappmesser oder einen Kugelschreiber.

Cicki Okeka, der Kletterbeutler, und das Känguru Kao (5/8)

K

Kürzlich sogar schon mal eine Kaffeekanne
mit warmem Kakao von einem Kindergeburtstag
im Camp. Zack. Direkt vom Küchentisch in den Beutel.
Zack-zack ging das. Die Leute im Camp
finden das kolossal ulkig.
Sie können dem kickboxenden Känguru
mit der kecken Kappe nicht böse sein.

Aber heute scheint *Kao* einen besonderen Knaller
in seinem Beutel zu haben.
Aufgeregt holt er einen schwarzen Kasten
aus seinem Kängurubeutel.
„Was kann das sein?“, überlegt *Cicki.*
„Es ist eine Kamera. Eine Kamera. Eine Pocketkamera
für die Tasche“, ruft *Kao* quietschvergnügt.
„Dazu ist es noch eine Sofortbildkamera.
Bei der sind die Fotos sofort fertig.
Jetzt können wir uns gegenseitig knipsen.
Dann schicken wir die Bilder zu den Kollegen,
die im Karlsruher Zoo in den Käfigen sitzen.
Die werden sich freuen
über ein Päckchen aus Australien.
Das ist bestimmt eine tolle Abwechslung
im Käfig-Alltag.“
„Klasse!“, ruft *Cicki.*
„Wir können ja auch noch ein paar Freunde
kommen lassen. Dann feiern wir an der Quelle
ein knalliges Fest und wir knipsen, was das Zeug hält.“

Kurz überlegen sie, ob sie auch die Klavierspielerin
aus dem Kirchenchor einladen wollen.
Aber *Kao* hält den Gedanken eigentlich
nicht für sehr klug. So folgen viele australische Tiere
der Einladungskarte von *Cicki Okeka,*
dem Kletterbeutler, und *Kao*, dem Känguru.

Cicki Okeka, der Kletterbeutler, und das Känguru Kao (6/8)

Cicki Okeka, der Kletterbeutler, und das Känguru Kao (7/8)

K

Alle kommen zu dem Fototermin
– an der kleinen Quelle mit der kreisrunden Dickichthecke
am Rande des Eukalyptuswaldes.

Es kommt ein Kakadu, genauer gesagt ein Inkakakadu.
Das ist ein Papagei, der ganz stolz
den Federschopf auf seinem Oberkopf aufrichtet.
Zu Gast ist ein Kloakentier, das so aussieht
wie eine kleine Seekuh. Nur mit Schnabel.
Dingos, die ausschauen wie gelbe Hunde,
sind eingekehrt und so weiter und so weiter.
Sogar ein Krokodil kroch von der Küste bis zur Quelle
um *Cicki* zu besuchen. Und natürlich um geknipst zu werden.
Ein kunterbuntes Publikum. Die Stimmung ist riesig
und *Kao* stimmt ein Lied an:

Keiner kennt die Kamera
so gut wie Cicki Okeka.
Keiner guckt auf Fotos
so wie das Känguru Kao.
Das Knipsen ist ein Kinderspiel,
jetzt knipsen wir das Krokodil.
Dann kommt auch noch der Kakadu,
den knipst am besten du.

Cicki knipst und knipst und knipst. Alle Bilder werden
in das Päckchen für den Karlsruher Zoo gepackt.
Kurz bevor sie es abschicken, hat *Cicki* noch eine Idee:
Damit man weiß, wer geknipst hat, macht *Cicki*
auf jedes Bild ein Zeichen. Damit kein Unfug passiert
auf dem langen Weg nach Karlsruhe.
Er kritzelt ein C für *Cicki*, seinen Namen.
Darum malt er noch einen Kreis: ©.
Weil die Bilder ja alle an der Quelle
mit der kreisrunden Hecke geknipst wurden.

K Cicki Okeka, der Kletterbeutler, und das Känguru Kao (8/8)

Dann wird die kleine Kiste mit den Fotos mit viel Klamauk zu der Postzweigstelle im Eukalyptuswald gebracht. Nach einer kaum endenden Verabschiedung kehrt wieder Ruhe ein an der Quelle am Dickicht.

Kao hat die Kamera natürlich wieder zum Touristencamp zurückgebracht. Denn eine Kamera ist keine Kleinigkeit. So was steckt man nicht einfach so ein.

Wie man hört, ist die Kiste mit den geknipsten Bildern gut im Karlsruher Zoo angekommen. In den Käfigen war ein großes Spektakel. Ein Kichern und Lachen.

Wenn ihr nun mal ein C in einem Kreis oder in einem Oval seht, dann könnte es das Zeichen von *Cicki* sein. Das kann in einem Buch oder auf einem Bild vorkommen. Meistens ist das Zeichen unten in einer Ecke:

©

Die Erwachsenen sagen, es ist das Zeichen für Copyright. Das bedeutet: Urheberrecht für künstlerische Werke. Damit nicht jemand einfach ein Bild oder einen Text von einem anderen kopiert. Diese Erklärung ist auch richtig. Aber *Cicki* hat genau das Gleiche gemeint, und sind wir doch mal ehrlich: Die wenigsten Erwachsenen kennen *Cicki Okeka*, den kleinen Koalabären, und *Kao*, das kickboxende Känguru. Ihr könnt ihnen ja mal von den beiden erzählen.

Suche die Freunde von Cicki Okeka!

K

Wie viele Koalabären findest du auf dem Eukalyptusbaum?

Dort sind _____ Freunde von Cicki.

Male das Bild bunt aus. Stelle dir vor, du wärst in dem warmen Australien. Fühle, wie warm es dir wird, wenn du den Boden und die Sonne mit viel Gelb ausmalst.

K

Kao und Cicki knipsen ihre Freunde

Überlege dir, wen Kao und Cicki mit der Kamera knipsen. Male die Tiere auf die leeren Fotos, die Kao hier alle zeigt.

Die unglaubliche Geschichte von der Giraffe Gagleigo (1/8)

Groß geworden ist unsere *Giraffe Gagleigo*
südlich der Sahara in Afrika. Groß geworden ist gut.
Denn eigentlich sind Giraffen gewöhnlich
immer sehr groß gewachsen.
Gagleigos Großeltern haben die unglaubliche Größe
von genau fünf Meter dreißig. Geradezu gigantisch.

Aber ihr glaubt gar nicht, wie glücklich
man sich schätzen kann, wenn man Großeltern hat.
Auch in dieser Größe. Und schon geht es los
mit der geradezu sagenhaften Geschichte:
Genau gesagt beginnen wir gerade da,
wo *Gagleigo* ganz schön unglücklich ist.

Eine große Gefahr für Giraffen und andere große Tiere
geht von Großwildjägern aus.
Die Großwildjäger verdienen ihr Geld damit, dass sie
große Tiere manchmal ganz gemein einfangen.
Sie verkaufen sie an irgendwelche Zoos oder Gehege.
Aber auch nur dann,
wenn man als besonders großes Großtier Glück hat.
Denn ganz gemeine Großwildjäger
begnügen sich nicht damit, Tiere einzufangen.
Sondern sie sind noch viel gefährlicher.
Sie gehen sogar so weit,
dass sie große Tiere geldgierig töten.
Wenn ihnen ein sogenannter „Geschäftsmann“
einen Gewinn garantiert.
Zum Beispiel für die Elfenbeinzähne der Elefanten.

Die unglaubliche Geschichte von der Giraffe Gagleigo (2/8)

Jetzt habe ich das Wort *„groß“* schon ganz schön
gehäuft genannt. Das geht auch kaum anders,
wenn man sich gelegentlich eine besonders gute
und unglaubliche Geschichte
über große Giraffen gönnen möchte.

Gagleigo ist traurig, denn ihre Großeltern
sind in großer Gefahr.
Gerade gestern wurden sie gefangen genommen.
Genau genommen gemein geraubt.
Gerade als sie gemeinschaftlich gemütlich grasten,
sind sie in eine Falle der Großwildjäger geraten.
Obwohl Giraffen grundsätzlich äußerst selten grasen.
Aber bei Giraffengroßeltern weiß man nie so genau.
Wie gesagt: Gestern geschah es,
dass Großwildjäger die Großeltern von *Gagleigo*
mit einem großen Gitternetz einfingen.
Gagleigo hatte gleich so ein ungutes Gefühl:
Ganz nah an der Grenze des Giraffengebietes
zu grasen, ist nicht gut.

Im Grunde haben eigentlich Giraffen schon
einen ausgeprägten Geruchssinn. Ein gutes Gehör
und äußerst scharfe Augen haben sie noch dazu.
Doch diesmal haben die Großeltern
vor lauter Grünzeug nichts gemerkt.
Wie gesagt, bei Giraffengroßeltern
weiß man nie so ganz genau.
Genaue Angaben zum Tathergang der Gefangennahme
abzugeben, geht natürlich ganz und gar nicht.
Das ging alles unsagbar schnell.

Die unglaubliche Geschichte von der Giraffe Gagleigo (3/8)

G

Jetzt geht es einfach nur darum, die Großeltern
geschickt aus dem Gefängnis zu befreien.
Das Gefängnis ist aus Holzstangen gebaut.
Zum Glück hat *Gagleigo* gleich eine gute Idee.
Man müsste den Großwildjägern vorgaukeln,
dass die Großeltern in ihrem Gefängnis gefangen sind.
Obwohl sie gar nicht mehr darin sind.
Denn weggebracht werden die gefangenen Giraffen
sowieso erst immer nach einigen Tagen.
Um unnötige Wege für die Großwildjäger zu sparen.
Das weiß *Gagleigo* aus gemachten Erfahrungen
mit Gleichgesinnten. Aber wie geht das? Wie soll man
gierigen Großtierjägern etwas geschickt vorgaukeln?
Gagleigo hat einen genialen Gedankenblitz.
Das geht mit großen Gummigiraffenpuppenfiguren.

Und sogleich macht sich *Gagleigo* auf den Weg
zu ihrem Freund *Ging Gong*.
Ging Gong ist ein gutmütiger Gorilla.
Der gastiert generell ganz nah an der Grenze
eines Gummibaumwaldes.
Er gilt als einer der größten Künstler in der Herstellung
von Gummipuppen. Aber im ganzen Gummibaumwald!
Er hat ein richtiges Geschäft daraus gemacht.
Ein groß angelegtes Gewerbe.
Da gehen Geschäftsleute aus der ganzen Welt
ein und aus. Tagein, tagaus. Ein und aus.
Selbst Gummipuppen, die man schon mal gelegentlich
in Gelsenkirchen oder Hamburg gesehen hat,
soll *Ging Gong* gemacht haben.
Und genau genommen,
haben die ja einen ganz schön weiten Weg
mit dem Flugzeug aus Afrika.

G

Die unglaubliche Geschichte von der Giraffe Gagleigo (4/8)

In der Hoffnung, dass ihr *Ging Gong* helfen kann,
singt *Gagleigo* ein Lied.
Während sie durch das hügelige Gelände
– Richtung Gummibaumwald –
zum *Gorilla Ging Gong* geht, singt sie:

Ganz gleich, wie groß du
als Giraffe geworden bist;
Ganz gleich, wie klein du als Grille geraten bist;
Ganz egal, ob du grün, gelb
oder eine graue Dogge bist;
Ganz egal, ob du galant, gewandt,
gerissen und charmant bist
– also genau genommen nur ein Mensch bist:
Wichtig ist, dass du keinen Freund vergisst.

So begibt sich *Gagleigo* weiter auf den
gefährlichen Weg zur Grenze des Gummibaumwaldes.
Sie will den Gorilla um Hilfe bitten.
Den Gorilla, der so genial
in der Kunst der Gummipuppenherstellung ist.
Nach gar nicht allzu langer Zeit
erreicht *Gagleigo* den Gummibaumwald.
An den Gummibäumen sind ab und zu
Wegweiser angenagelt. So wird die Richtung
zur Gummipuppenwerkstatt angezeigt.
Dadurch gelingt es der *Giraffe Gagleigo*
ziemlich schnell, ihren Freund,
den *Gorilla Ging Gong*, zu finden.

Gagleigo und *Ging Gong* begrüßen sich ausgiebig.
Doch dann erzählt *Gagleigo*
von der grausamen Gefangennahme der Großeltern.
Und von dem gemeingefährlichen Vorgehen
der Großwildjäger.

Die unglaubliche Geschichte von der Giraffe Gagleigo (5/8)

G

Ging Gong ist genauso besorgt wie *Gagleigo*.
Er sagt sofort seine Hilfe zu.
Der Gedanke, die gefangenen Großeltern
durch Gummipuppen auszutauschen, ist genial.
Das findet *Ging Gong* auch total gut.
Dadurch wird ein großer Vorsprung gewonnen.
Bis die Großwildjäger das erst mal begriffen haben …

Eiligst beginnt *Ging Gong*
zwei große Gummigiraffenfiguren zu gestalten.
Aber er ist dennoch gründlich.
Gummi genug hat er ja im Gummibaumwald.
Und zum Glück auch das nötige Geschick.
Ging Gong gibt richtig Gummi.

Einige Gorillakollegen haben die Ankunft
von unserer *Giraffe Gagleigo* mitbekommen.
Und auch das Gespräch.
Sie hängen ringsum in den Gummibäumen
und spornen *Ging Gong* noch so richtig an:

> *Ging Gong ist ein Gorilla, der richtig Gummi gibt.*
> *Ging Gong ist ein Genie*
> *auf dem Gummipuppengebiet.*
> Ging Gong ist der Größte
> im ganzen Gummibaumgebiet.

Ganz schön schnell geht das. Zum Schluss
werden die Gummigiraffen noch gelbbraun gefärbt.
Mit hinzugefügten kastanienbraunen Flecken.
Ganz genau so, wie gepflegte Giraffen halt ausschauen.

Die unglaubliche Geschichte von der Giraffe Gagleigo (6/8)

Nach getaner Arbeit sagt *Ging Gong*: „Genug gebaut und gebastelt. Jetzt gilt es, ganz geschwind zum Gefängnis der Giraffengroßeltern zu gelangen."

Und nicht nur aus Mitgefühl schließen sich viele Gorillas dem Rückweg von *Gagleigo* zu den gefangenen Großeltern an. Die Begleitung ihres Freundes *Ging Gong* ist da ja wohl klar. Oder? Gorillas sind grundsätzlich gutmütig.

Die unglaubliche Geschichte von der Giraffe Gagleigo (7/8)

Aber wenn ihnen etwas gegen den Strich geht,
dann können sie auch schon mal richtig aufgeregt sein.
Und so bewegt sich die ganze Gruppe in Richtung
Giraffengebiet. Zum Gefängnis der Giraffengroßeltern.
Dort angelangt wird sofort die Rettung eingeleitet.
Die Gorillas sind ja von Grund auf kräftig geschaffen.
Sie biegen in einer Nacht- und Nebelaktion
die Gefängnisstangen auseinander.
Kurz vor Morgengrauen können die Giraffengroßmutter
und der Giraffengroßvater entfliehen.

Nach der Befreiung durch *Gagleigo* und *Ging Gong*
und natürlich auch durch die Gorillakollegen werden
dann gemeinsam die Gummigiraffen aufgeblasen.
Und weil *Ging Gong* so geschickt in der Herstellung
von Gummifiguren ist, werden die auch fast fünf Meter
dreißig groß. Fast genauso groß wie die Großeltern.

Die Großwildjäger haben zuerst nichts gemerkt.
Und als sie etwas gemerkt haben,
da war es schon zu spät. Denn *Gagleigo*, *Ging Gong*
und die Großeltern sowie die ganze Gorillagruppe
haben sich schon längst wieder in den riesigen Urwald
zurückgezogen. Und da können selbst Großwildjäger
schlecht etwas finden.
Nur hören. Und ab und zu hört man ein Lied.
Wenn Gorillas von Baum zu Baum schwingen und
Giraffen wieder in Ruhe Grünzeug von den Bäumen
zupfen – nicht nur im Gummibaumwald:

Ging Gong ist ein Gorilla, der richtig Gummi gibt.
Ging Gong ist ein Genie
auf dem Gummipuppengebiet.
Ging Gong ist der Größte im ganzen
Gummibaumgebiet.

Die unglaubliche Geschichte von der Giraffe Gagleigo (8/8)

Gagleigo hat vor Schreck ihre Flecken verloren

Die Giraffe Gagleigo hat vor Schreck über die Großwildjäger alle ihre Flecken verloren.

Male die Giraffe zuerst mit einem gelben Stift aus. Dann nimm braunes oder braun angemaltes Papier. Reiße davon kleine Flecken ab, die du mit Daumendruck auf die Giraffe klebst.

Ging Gong hilft bei der Befreiung der Großeltern

Ging Gong hilft der Giraffe Gagleigo, ihre Großeltern zu befreien.

Auch du kannst mithelfen.
Prüfe zunächst deine Kraft in den Oberarmen.
Mache Fäuste und zeige deine dicken Oberarmmuskeln so häufig, wie du Gitterstäbe siehst.

Es sind _____ Gitterstäbe.

Male mit einem dicken Stift in der Faust die Gitterstäbe nach. Male sie, als ob du sie auseinander drücken wolltest.

Informationen zu den Lauten *k* und *g*

Wie werden die Laute gebildet?

k und *g* sind Explosivlaute. *k* wird ohne und *g* mit Stimme gesprochen (als Vibration am Hals zu fühlen). *g* wird weicher gebildet als *k*.
Der hintere Teil des Zungenrückens bewegt sich zum Gaumen. Die Zungenspitze liegt hinter den unteren Schneidezähnen.

Voraussetzungen

- erhöhte Spannung (Arbeitsspannung) im Körper
- gute Zwerchfelltätigkeit
- gute Zungenkraft im hinteren Zungenrücken

Bewegungsunterstützung bei der Bildung der Laute *k* und *g*

Für die Bildung beider Laute sind eine gute Zwerchfelltätigkeit sowie Spannungsaufbau notwendig. Das Zwerchfell wird z.B. unterstützt durch Joggen auf dem Platz, Trampolin- oder Seilchenspringen. Dabei können auch Silben wie „*Hopp*", „*Hipp*", „*Hepp*" ... gesprochen werden.

Bei der Bildung des Lautes k

- Bewegungen von oben nach unten machen sowie Bewegungen vom Körper nach vorne weg, z.B. Ball prellen, aufgestellte Gegenstände umhauen, geballte Faust einsetzen, mit den Füßen kräftig auftreten

Bei der Bildung des Lautes g

- kleine Bewegungen ausführen, damit nicht zu viel Druck aufgebaut wird, der sich auf den Kehlkopf auswirkt (da das *g* mit Stimme gesprochen wird), z.B. Bewegungen mit Daumen- oder Handballendruck ausführen wie Kneten, mit dem Daumen etwas aufkleben usw.

Unterstützende Übungen und Spiele

- Würfelspiele machen, bei denen Gegenstände mit einem Becher „gefangen" werden (z.B. „Mäusefangen" oder „Spitz, pass auf!")
- auf einem Hüpf- oder Pezziball sitzen, sich mit den Fersen abdrücken und reiten
- Tauziehen als Partner- oder auch als Gruppenübung
- Trommeln „auf dem Boden Afrikas" mit zwei leeren Kunststoff-Flaschen, mit Kunststoff-Röhren oder den Fäusten, dann gemeinsam ein Trommelkonzert gestalten

- die Handkanten mit Farbe bemalen, mit den Fäusten auf großen Papierblättern Faustbilder gestalten
- Klötze oder Bälle aufräumen: von oben nach unten in eine Kiste oder Schüssel werfen
- in freier Natur: Steine von oben nach unten ins Wasser werfen
  (Die Spiele zum Werfen von Gegenständen können auch mit stimmlicher Äußerung, z.B. dem Wort „*weg*", durchgeführt werden. Das unterstützt die Zwerchfelltätigkeit.)
- Ringwurf- oder Bocciaspiel

Besondere Unterstützung des Lautes g

- Kneten: die Knete mit Daumen- oder Handballendruck formen
- Klebebilder herstellen: zuerst Papier zerreißen, dann diese Papierschnipsel mit Daumendruck auf ein Bild kleben

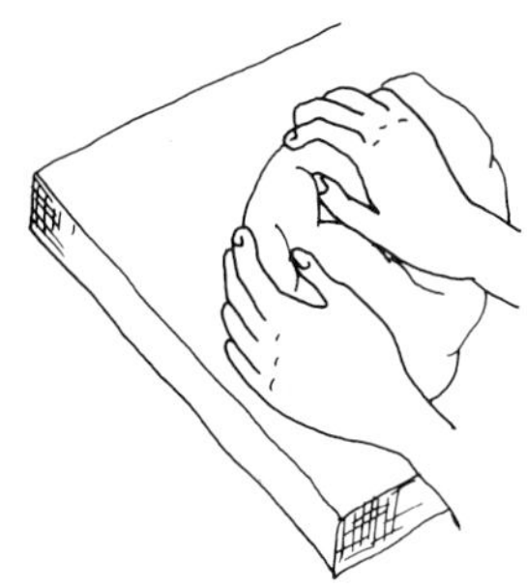

Ein angeleitetes multisensorisches Spiel

Diese Übung basiert auf dem 5-Elemente-Konzept BodySense® von J. Woldt und R. Suchy.

Ablauf des Spiels:
Die Kinder laufen laut trampelnd durch die Wüste, um Schlangen zu verscheuchen und Fußabdrücke zu hinterlassen. Anschließend wird ein Schattenboxkampf in der Wüste veranstaltet. Dabei sollen sich die Kinder gelben Sand vorstellen. Erst einmal stellen sich die Boxer auf und zeigen sich gegenseitig ihre Oberarmmuskeln (Bizeps): im Wechsel den rechten und den linken Arm, dann beide Arme. Nachdem sie sich gegenseitig ihre Stärke gezeigt haben, fangen sie an, Schatten nach vorne weg zu boxen. Danach malen sie mit gebückten Knien und nach außen gerichteten Handflächen – von unten zur Mitte nach oben – eine Pyramide nach. Jeder Spieler ist ein Gewinner und stellt sich vor, er würde auf deren Spitze stehen, der gelben Sonne ganz nahe.
Durch kraftvolle Bewegungen mit den Füßen auf dem Boden (z.B. Trampeln) wird die Wahrnehmung der Füße auf dem Boden/der Erde unterstützt. Mit dem Wüstenbild und der Vorstellung der Farbe Gelb wird das Erdelement (der Chinesischen Energielehre) unterstützt, wodurch die Verdauungsorgane und die eigene Mitte gestärkt werden.

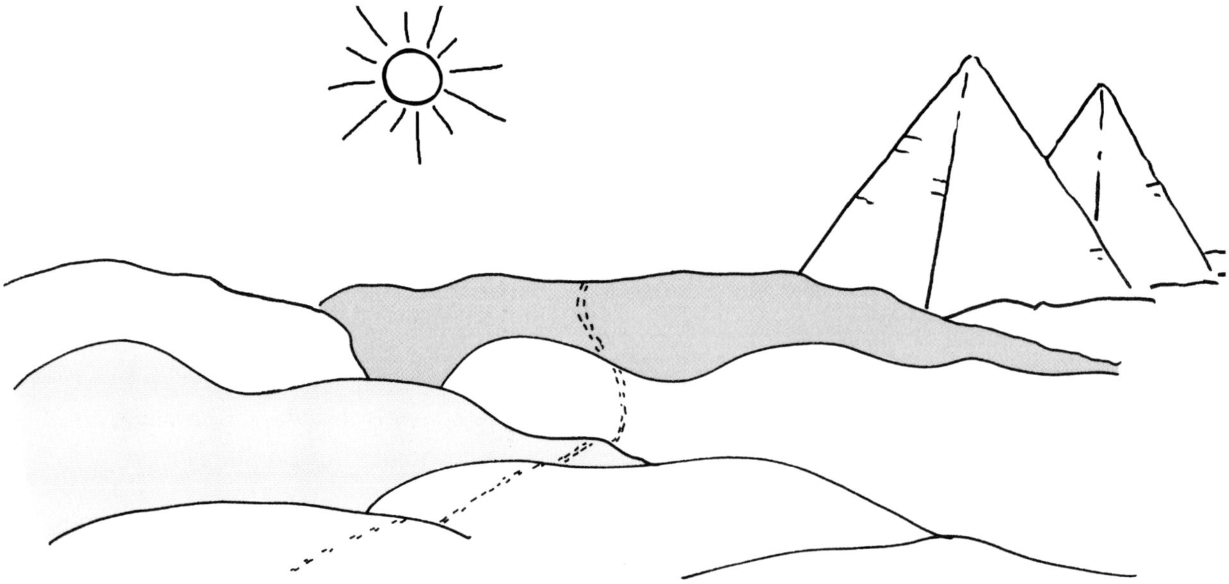

Der Zwielichtwicht (1/7)

Eigentlich ist es gar nicht so wichtig, ob die Geschichte
vom kleinen Wicht *Fürchtmich* so sonderlich richtig ist.
Wichtig ist eigentlich nur, dass sie für den Wicht
sehr wichtig war. Sicherlich werde ich hier
nicht wissentlich falsch berichten.
Aber viele Geschichten haben es nun mal an sich,
dass sie sich im Laufe der Zeit
gelegentlich etwas ändern.
Das ist nicht weiter verwunderlich.
Denn manche Geschichten werden meistens nur
heimlich erzählt. Genauso wie die vom kleinen Wicht.
Nie ganz öffentlich. Und dann kommt schon mal
ein Wort und ein Punkt oder ein Strich abhanden.
Gelegentlich auch schon mal zwei Wörter
und drei Striche. Nicht so schlimm.
Wie gesagt, das ist eigentlich bei unserer Geschichte
nicht so wichtig. Sicherlich wirst du jetzt fragen:
Wann fängt die Geschichte denn endlich an?
Jetzt! Jetzt berichte ich:

Fürchtmich, der kleine Wicht,
wohnt seit unendlich vielen Doppeltagen
in einem alten, verlassenen Bergwerk.
Dort hat er es eigentlich ziemlich gemütlich.
Wenn nicht diese Langeweile wäre.

Früher kamen täglich Bergleute zur Schicht
in den Stollen. Morgens kam die Tagschicht
und gegen Abend kam die Nachtschicht.
Das war fürchterlich laut.
Unermüdlich haben die Bergleute brüderlich
das Erz abgebaut. Fürchterlich laut.
Selbst das Kichern und Singen von unserem Wicht
konnte man nicht mehr hören.

CH

Der Zwielichtwicht (2/7)

So wurde es für *Fürchtmich*
doch ziemlich ungemütlich. Und so ist er allmählich,
im Laufe von unzähligen Doppeltagen,
in immer tiefere und dunklere Erdschichten
zurückgewichen. Um seine Ruhe zu haben.

Immer weiter weg vom Tageslicht. Immer tiefer
in den Berg. Und so bekam er das Sonnenlicht
eigentlich gar nicht mehr zu Gesicht.
Ständig nur im Dämmerlicht
ist mit der Zeit sehr schauerlich.
Und so wurde *Fürchtmich* nach und nach
ganz schön traurig und ängstlich.
Manchmal weinte er sogar bitterlich.
Natürlich hat er Kerzenlicht
und ein ganz kleines Zauberlicht.
Das leuchtet aber nur ziemlich schwach.
Ehrlich gesagt, ist er schon lange nicht mehr glücklich.
Und immer wenn ihm so richtig schummerig ist,
dann spricht er leise dieses Gedicht:

> *Ich trau' mich nicht ans Tageslicht,*
> *vor'm Sonnenlicht, da fürcht' ich mich.*
> *Ich bleibe hier im Dämmerlicht,*
> *denn ich bin ein Zwielichtwicht.*

So verstreichen die Doppeltage.
Die Nachtschicht geht und die Tagschicht kommt.
Unser kleiner Freund *Fürchtmich*
führt ein beschwerliches Zwielichtwichtleben.

Eines Tages, oder eines Nachts,
das weiß man nicht so genau im Bergbau,
kommt *Micha*, der Maulwurf, zu Besuch.

CH

Der Zwielichtwicht (4/7)

Micha lebt auch im Bergwerk und er bohrt sich
täglich Gänge durch viele Erdschichten.
Manchmal herauf bis zum Tageslicht.
Dennoch hat er etwas Übergewicht.
Aber das macht ihn so richtig niedlich.
Und er ist immer hilfsbereit und freundlich.

„Na, du kleiner Wicht“, lacht *Micha*,
„was schaust du denn so kümmerlich?
Du wirst wohl langsam wunderlich!“
Unser kleiner Freund *Fürchtmich* fühlt sich
an diesem Tag besonders entsetzlich.
Aber weil *Micha* so eine Freundlichkeit ausstrahlt,
antwortet er augenblicklich mit einem neuen Gedicht:

Ich kämme mich im Spiegellicht
und esse mein Brot im Fackellicht.
Was bin ich für ein dummer Wicht,
vor'm Sonnenlicht, da fürcht' ich mich.

Micha schaut ganz väterlich und fragt:
„Bitte? Wovor fürchtest du dich?“

Ich trau' mich nicht ans Tageslicht,
vor'm Sonnenlicht, da fürcht' ich mich.
Ich bleibe hier im Dämmerlicht.
Ich glaub', ich bin ein Zwielichtwicht.

„Oh“, brummt der Maulwurf. „Verstehe.
Du bist wirklich etwas wunderlich.
Ich habe eine Nichte. Die ist auch so zimperlich.
Aber so gefährlich ist die Sonne nicht.
Du musst nur auf dich achten und nie direkt
ins Licht schauen. Warte auf mich.
Ich besuche dich bald wieder.“

Der Zwielichtwicht (5/7)

Und so wartet der kleine Wicht *Fürchtmich*
im Dämmerlicht zuversichtlich auf *Micha*.
„Unendlich lange“, denkt der Wicht. Aber eigentlich
sind es nur acht Strich fünf Doppeltagstunden.

Denn bereits beim ersten Morgenlicht hat sich *Micha*
durch alle erforderlichen Erdschichten gebohrt.
Er ist direkt oben auf dem Campingplatz
am Flüsschen neben dem Bergwerk aufgetaucht.
Dort hat er sich ein wenig umgeschaut.
Und umsichtig, wie er ist,
hat er schnell etwas Ausrangiertes gesichtet.
Ein kleines Fläschchen
und ein niedliches rundliches Gestell. Nicht mehr neu.
Aber Wichte freuen sich sowieso hauptsächlich
über Sachen, die Menschen nicht mehr brauchen.

Vorsichtig, damit nichts zerbricht, macht sich *Micha*
augenblicklich auf den Rückweg
durch sämtliche Erdschichten.
Das ist schon ganz schön abenteuerlich.
Aber so ein Maulwurf ist ja sehr beweglich.
Endlich sieht er in der Ferne das Kerzenlicht
vom kleinen Wicht. „Hoffentlich freut er sich“,
denkt *Micha*. Und *Fürchtmich* freut sich königlich.

„Ich habe zwei Geschenke für dich ganz persönlich“,
spricht *Micha*, „die schützen dich ordentlich
vor dem Sonnenlicht. In dem Fläschchen
ist Sonnenmilch, damit wird die Haut eingestrichen.
Dadurch ist sie nicht mehr so empfindlich.

Der Zwielichtwicht (6/7)

Das rundliche Gestell ist eine Sonnenbrille.
Die schützt dein Augenlicht vor den Sonnenstrahlen.
Damit bist du richtig sommerlich ausgerüstet."

Der kleine Wicht ist sichtlich gerührt.
Er hüpft und tanzt und ist unendlich glücklich.
Endlich kann er mal wieder raus an die Luft
und meisterliche Tagesgedichte erfinden.
Und höflich, wie Wichte nun mal sind,
bedankt er sich beinah unaufhörlich.

Zu berichten ist sicherlich noch,
dass sich fortan *Fürchtmich* auch bei Tageslicht
aus seinem Bergwerk schlich
und manchmal auf dem Campingplatz
einen ganz schönen Unsinn anstellte.
Aber eigentlich sitzt er am liebsten ganz friedlich
im Abendlicht am Flüsschen neben dem Bergwerk
auf einer Wurzel und schaut zu,
wie die Sonne untergeht.

Und die Moral von der Geschicht':
Hab keine Angst vor'm Sonnenlicht,
nur schützen musst du dich.

Der Zwielichtwicht (7/7)

CH

CH

Der kleine Fürchtmich leuchtet mit seinem Licht

Der kleine Fürchtmich leuchtet dir mit seinem Licht.

Male seine Mützen und seine Lichter fertig.
Male die Wichte dann bunt aus.

Schneide die kleinen Wichte aus. Male ein Bergwerk auf ein weißes Blatt Papier und klebe die Wichte auf das Bild.

Micha auf dem Weg zu Fürchtmich

Durch welches Loch muss Micha kriechen,
um zu Fürchtmich zurückzukommen?

Fahre zuerst mit deinem Finger alle Wege ab. Dann male den richtigen Weg mit einem farbigen Stift nach.

Informationen zum Laut *ch 1*

Es gibt zwei verschiedene *ch*-Laute:
Das *ch 1* – wie in dem Wort *„ich“*, das *ch 2* – wie in dem Wort *„ach“*.

Wie wird der Laut gebildet?

Der Laut *ch 1* ist ein stimmloser Laut (mit Stimme wird daraus ein *j*). Die Zungenspitze liegt hinter den unteren Schneidezähnen. Die seitlichen Zungenränder bilden an den inneren Backenzähnen einen totalen Verschluss. Der Zungenrücken nähert sich dem harten Gaumen.
Das Gaumensegel hebt sich an. Durch einen schmalen Spalt am Gaumen wird die Luft nach vorne transportiert.

Voraussetzungen

- Zungen- und Gaumensegelkraft
- Koordinationsvermögen
- Wahrnehmung im Raum (auch in Bezug auf den Mundraum)
- gute Zwerchfellspannung

Häufige Fehlbildung

Es wird ein *s* (häufig auch fehlgebildet) gesprochen. Die Zungenspitze wird nach oben gelegt, statt hinter die unteren Schneidezähne.

Bewegungsunterstützung bei der Bildung des Lautes *ch 1*

- mit den Armen vorsichtige Bewegungen auf den eigenen Körper zu machen
- sich in den Fersensitz begeben
- beide Hände und Füße mit einsetzen

Unterstützende Übungen und Spiele

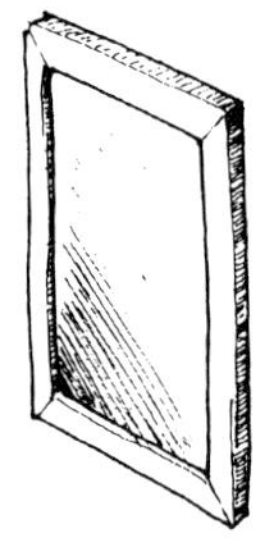

- ein *h* hauchen, einen Spiegel oder eine Fensterscheibe behauchen: z.B. im Winter die Hände warm oder eine Scheibe frei hauchen
- bunte Blätter oder Federn vom Handrücken fliegen lassen (Dabei kann man den Luftstrom spüren.)

- mit dem Hexenlachen *„hi-hi-hi“* spielen: z.B. ein eigenes Theaterstück (mit Handpuppen oder als Kasperletheater) gestalten
- eine „Lach-Oper“ veranstalten: Jedes Kind sucht sich ein Lachen aus (z.B. „*hi*“, „*ha*“, „*ho*“, „*he*“, „*hu*“, „*hä*“). Dann können alle gemeinsam ein Lied mit der ausgesuchten Silbe „lachen“. Z.B. „Hänschen klein“:

  hi-hi-hi –
  hi-hi-hi –
  hi-hi-hi-hi-hi-hi-hi ...

  Damit wird das Zwerchfell gestärkt.
- eine Collage anfertigen: die Einzelteile übereinander kleben und diese mit dem Handrücken leicht andrücken (Dabei hebt sich das Gaumensegel.)
- „kleine Löwen füttern“: Der Löwe bekommt Esspapier hinter die unteren Schneidezähne geklebt. Die Zungenspitze hält es fest. Der Löwe faucht ganz leise (als Dankeschön). Anschließend darf der Löwe das Esspapier aufessen.
- Spiele machen, die das Wort *„ich“* beinhalten: also auch Sprachspiele wie „Ich sehe was, das du nicht siehst!“

Der Schiffschaukel-Schorsch und das Gespenst Schuschu (1/9)

SCH

In der Schweiz findet schon seit ewigen Zeiten
alljährlich ein stattliches Schützenfest statt.
Genauer geschrieben ist das
in der Stadt Schaffhausen.
Dort findet ein großer,
bunt schillernder Jahrmarkt statt.
Schausteller aus aller Welt
bauen in der Stadt ihre Geschäfte auf.

Dort gibt es zum Beispiel schöne alte Kinderkarussells
mit Schaukelpferden aus echtem Holz.
Es gibt Schießbuden, an denen man
komische Plüschtiere gewinnen kann.
Und Losbuden mit stabilem Blechspielzeug.
Aber auch große elektrische Fahrgeschäfte schrauben
ihre schnellen Kabinen in schwindelerregende Höhen.
Direkt in den sternenklaren Himmel von Schaffhausen.
Das gigantische Riesenrad wird ständig
von starken Scheinwerfern in unterschiedlichen Farben
angestrahlt. Auf der Achterbahn kreischen
und quietschen die angeschnallten Fahrgäste.
Vor allem beim dreifachen Überschlag.

Spaß und Spannung verspricht das Spiegelkabinett.
Aus der schaurigen Geisterbahn hört man
spitze Schreie. Vor der Geisterbahn
stehen gespenstische Pappfiguren,
die abscheuliche Grimassen schneiden.
Fast stündlich geben die Gaukler in der Schaubude
eine Vorstellung. Ein Feuerschlucker aus Chicago
scheint keine Schmerzen zu verspüren.
Der Schlangenbeschwörer ist aus Shanghai.
Er schmust und kuschelt wie selbstverständlich
mit seiner spitzzüngigen Riesenschlange.
Alle Zuschauer sind erstaunt und sprachlos.

Eine hübsche Frau in einem schicken schwarzen Bikini behauptet, dass sie im Dunkeln keinen Schatten wirft. Sie spricht über Lautsprecher mit schriller Stimme. Außerdem sagt sie, dass sie schlicht unsterblich ist. Aber da sind die meisten skeptisch und grinsen.

An den Essgeschäften riecht es verführerisch. Es gibt zum Beispiel Bratwurst mit scharfem Senf und Schaschlik. Das sind am Spieß gebratene Fleischstückchen mit Zwiebelringen und Speckscheiben. Eine schmackhafte, scharfe Sauce gehört auch dazu. Vielen schmecken die Spanferkelbrötchen. An dem Stand mit frischem Backfisch und Schillerlocken stehen die Menschen Schlange.

Zum Naschen locken Spieße mit Früchten in Schokoladen-Überzug. Schlemmerwaffeln mit heißen Kirschen und Schlagsahne gibt es auch. Es werden Schmuck und Edelsteine ausgestellt. Schachteln mit Glasperlen und sperriger Trödel schmücken die Stände. Schund und Schickes. Schmackhaftes und schwer Verdauliches. All das trifft man auf dem Spektakel in Schaffhausen an. Genau so, wie ihr es wahrscheinlich von der Kirmes in eurer Nähe kennt.

Aber es gibt jemanden, den ihr bestimmt noch nicht kennt. Den habt ihr auch wahrscheinlich noch nie auf einem Schützenfest gesehen. Das ist der *Schiffschaukel-Schorsch*.

Der Schiffschaukel-Schorsch und das Gespenst Schuschu (3/9)

SCH

Die Schiffschaukelbude steht direkt
neben dem Schießbudenstand.
Dazwischen ist nur ein schmaler Gang
zu den Schlafwohnwagen der Schausteller.
Spät nachts, wenn es schummerig wird
und alle schlummern, schleicht *Schorsch*
durch die Gänge und schaut schon mal
nach dem Rechten.
Der *Schiffschaukel-Schorsch* ist nämlich
ein schrulliger reisender Nachtkobold.
Doch nach all der Zeit ist es schwierig, festzustellen,
was ihn schließlich auf die Schiffschaukelbude
verschlagen hat. Wahrscheinlich kann man es
gar nicht mehr feststellen.

Tagsüber schwingt die Schiffschaukel
ständig schwungvoll hin und her.
Schabumm, Schabumm macht es.
Dann ist *Schorsch* für die Bremsen zuständig.
Blitzschnell und scheinbar unsichtbar passt er auf,
dass niemand zu Schaden kommt.
Oder sich ungewollt überschlägt.
Ganz schön anstrengend ist das
für einen reisenden Nachtkobold:
immer nur Schaukeln und Schaukeln und Stoppen.

Manchmal, wenn es ihm schlecht geht,
dann trinkt der *Schorsch* schon mal gerne
ein Schnäpschen. Wenn er sich so richtig schlaff
und schlapp und so schrecklich schwächlich fühlt.
Er scheint ein kleiner Schluckspecht zu sein,
der *Schiffschaukel-Schorsch*.

Der Schiffschaukel-Schorsch und das Gespenst Schuschu (4/9)

Er trinkt dann meistens einen Sherry.
Einen Kirschsherry. Das ist für Nachtkobolde,
und auch nur für Nachtkobolde, nicht schlimm.
Aber dennoch: Wenn ihm ab und zu
mal schwindelig wird, dann fragt er sich doch,
ob das wohl vom Schnäpschen oder vom Schaukeln
kommt. Wahrscheinlich kommt das von beidem.

Wenn nachts alles schläft,
dann denkt der *Schiffschaukel-Schorsch*
zuweilen träumerisch an seinen großen Wunsch:
Er schwärmt von richtigen Schiffen und möchte
so gerne mal über einen breiten Strom schwimmen.
Auf einem stolzen Schiff,
welches Strömungen und Strudeln trotzt.
Wie das seine Kollegen, die Schiffskobolde,
schon seit ewigen Zeiten tun.
Dann springt er meistens auf den Rand
einer Schiffschaukel und summt still,
im Schein des Mondes, sein kleines Lied vor sich hin:

Die Schaukel schwankt wie ein Schiff,
doch richtig schwimmen kann sie nicht,
sie schwingt von da – rasch nach dort,
doch steht sie stets an einem Ort.
Ich schaukele schnell – ich schaukele forsch.
Ich bin der Schiffschaukel-Schorsch!

Eines Abends … Es ist schon ziemlich spät
und das Schützenfest ist längst geschlossen …
Dennoch schlendert der *Schiffschaukel-Schorsch*
wieder mal durch die Gassen zwischen den
Schaubuden. Da stupst ihn vor der Geisterbahn
das kleine schüchterne Gespenst *Schuschu* an.

Der Schiffschaukel-Schorsch und das Gespenst Schuschu (5/9)

SCH

SCH

Der Schiffschaukel-Schorsch und das Gespenst Schuschu (6/9)

Schuschu ist ursprünglich ein Schlossgespenst.
Aber sie schuftet schon seit langem in der Geisterbahn
als Spukgespenst. Oftmals auch als Schreckgespenst.
Doch dann bekommt sie Stresszuschlag.

Sie gehen ein Stück spazieren und *Schuschu* scheint
auch einen heimlichen Wunsch zu haben:
„*Schorsch*", säuselt sie im Schein des Mondes,
„ich möchte so gerne mal mit dir schaukeln, *Schorsch*,
schnell und forsch. Schaukeln und schwanken
wie auf einem Schiff.
Vielleicht wird mir dann endlich auch mal schwindelig.
Das Gefühl kennen kleine Gespenster nämlich nicht."

Der *Schiffschaukel-Schorsch* ist schlau.
Er sieht sofort eine Chance, dass auch sein Wunsch
in Erfüllung geht. So schlägt er *Schuschu*
ein Geschäft vor: „Wenn du möchtest, können wir
in dieser Nacht so lange schaukeln, wie du Spaß hast.
Du musst mir nur versprechen,
dass wir einen Ausflug machen. Sozusagen.
Versprich, dass wir zwischendurch mal
zu dem großen Strom fliegen.
Natürlich mit Gespenster-Geschwindigkeit.
Versteht sich sozusagen natürlich sowieso."

Schaffhausen liegt nämlich am Rhein.
Vor der Stadt haben am Ufer in den Abendstunden
bestimmt viele stolze Schiffe angelegt.
So schätzt der *Schorsch*, das alte Schlitzohr.

Der Schiffschaukel-Schorsch und das Gespenst Schuschu (7/9)

SCH

Schuschu ist einverstanden und sie beschließen,
als Erstes zum Rhein zu rauschen.
Schuschu umschließt
den kleinen *Schiffschaukel-Schorsch*
vorsichtig mit ihren Gespenster-Ärmchen.
Schorsch hält sich an ihren Schultern fest.
Sofort schweben sie etwas
über dem Schützenfestboden.
Dann steigen sie geschwind höher
und zischen ab in Richtung Rhein.

So schnell wie der Wind im Sturm ein Blatt schleudert,
sausen sie zu den Anlegestellen der Schiffe.
Und *Schorschs* Vermutung stimmt.
Viele Schiffe haben in dieser Nacht
an dem großen Strom vor der Stadt Anker geworfen.
Wie das Schicksal so spielt,
legt eines zu dieser späten Stunde sogar noch ab.
Es ist ein Stimmungsdampfer, ein Vergnügungsschiff.
Mit vielen bunten Lichterketten.
Eine Tanzkapelle spielt schwungvoll Schunkellieder.
Schleunigst schmuggeln sie sich an Bord
und *Schorsch* ist schlichtweg begeistert.
Wie das richtige Schiff über die Wellen schaukelt
und das Wasser an die schwankende Reling
schwappt … Ganz toll.
So hat er sich das immer vorgestellt,
obwohl auf der Schiffschaukel natürlich
schon mehr Schwung drin ist.

Schnell verstreicht die Zeit und *Schuschu* erinnert
den *Schiffschaukel-Schorsch* an sein Versprechen.
„Versprochen ist versprochen“, sagt der *Schorsch*.
„Jetzt erfüllen wir deinen Wunsch!“

SCH Der Schiffschaukel-Schorsch und das Gespenst Schuschu (8/9)

Und geschwind zischen sie wieder
mit Gespenstergeschwindigkeit
zurück zum Schützenplatz.
„Die alte Schiffschaukel scheint auch
schon zu schlafen", lacht der *Schorsch*.
Aber er bringt sie schnell wieder in Schwung.
Und *Schuschu* schaukelt den Rest der Nacht.
Schabumm, Schabumm.
Und immer wenn es ihr schwindelig wird,
dann quietscht sie ganz schauerlich.
Zum Glück stören sie ja niemanden.
Denn wenn Gespenster schaukeln,
dann können das Menschen nur ganz schlecht hören.

So entsteht, kurz vor dem ersten Sonnenstrahl,
zwischen *Schuschu* und dem *Schiffschaukel-Schorsch*
eine dicke Freundschaft.
Denn schnell haben sie festgestellt,
dass man zu zweit viel mehr Spaß haben kann.
Wenn man sich versteht und untereinander hilft.

Und so will manch später Gast auf einem Schützenfest
Schuschu schon mal schaukeln gesehen
und den *Schorsch* dazu singen gehört haben.
Aber ob das wohl stimmt?

Die Schaukel schwankt wie ein Schiff,
doch richtig schwimmen kann sie nicht,
sie schwingt von da – rasch nach dort,
doch steht sie stets an einem Ort.
Ich schaukele schnell – ich schaukele forsch.
Ich bin der Schiffschaukel-Schorsch!

Der Schiffschaukel-Schorsch und das Gespenst Schuschu (9/9)

SCH

SCH

Auf der Schiffschaukel beim Schiffschaukel-Schorsch

- **Stell dir vor, wie eine Schiffschaukel hin- und herschaukelt.**
- **Bringe die Schiffschaukeln auf diesem Blatt zum Schaukeln, indem du die Linien farbig nachmalst. Sprich dabei das *„sch“* deutlich mit rundem Mund (Schnütchen).**
- **Male die Schaukeln zum Schluss bunt aus.**

Schuschu und ihre Freunde spuken durch die Geisterbahn

SCH

Wie viele Gespenster haben sich im Geisterbahn-Schloss versteckt?

Es sind ______ Gespenster.

Überlege dir, welche Geräusche die Gespenster machen können. Zum Beispiel *„Huh ...“* – und welche noch?

Informationen zum Laut *sch*

Wie wird der Laut gebildet?

Der Laut kann von den Lippen abgesehen werden. Die Lippen werden wie zu einem Kuss geformt. Wenn wir die Hand vor den Mund halten, können wir die durch die Zähne entweichende Luft spüren.

Voraussetzungen

- starke Lippenmuskulatur (Rundmuskel)
- starke Wangenmuskulatur, damit die Zungenränder nach vorne kommen können
- starker Zungenmuskel
- vorhandene Frontzähne: Bei fehlenden Frontzähnen fällt es dem Kind schwer, den Laut auditiv (hörend) korrekt zu wiederholen.

Unterstützende Übungen und Spiele

- regelmäßig aus dem Strohhalm trinken
- mit Lippenstift einen Kusswettbewerb am Spiegel durchführen: Wer kann mit den rundesten Lippen küssen?

- ein Lied mit Kusslippen (Schnütchen) singen oder das Lied „3 Chinesen mit dem Kontrabass" vor allem mit *u, o, ü, ö* singen, da diese Laute von der Lippenform her dem *sch*-Laut am ähnlichsten sind
- mit runden Lippen pusten: Seifenblasen, Federn, Tröten usw.
- das Geräusch einer Lokomotive nachmachen, mit den Armen nach vorne und offenen Händen das Geräusch unterstützen (als wenn man etwas wegschieben wollte)

Ganzkörper- und Achtsamkeitsübungen

- Bänder und Tücher schwingen: Jedes Kind wählt ein buntes Band oder Tuch. Die Kinder schwingen die bunten Bänder oder Tücher mit großem Armschwung hin und her. Dabei bilden sie den Laut *sch*. Die Kinder sollen sich bei dieser Übung den nötigen Raum suchen und rücksichtsvoll auf ihre Nachbarn achten.

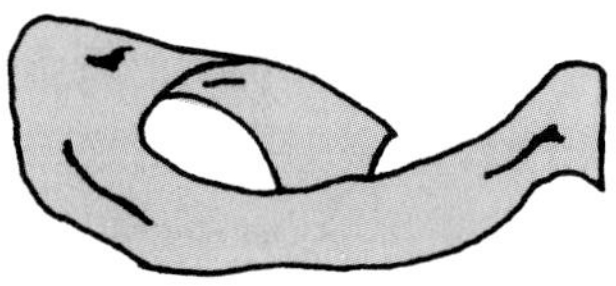

- Gespensterspiel: Die Kinder stehen im Kreis. Ein Kind bekommt ein weißes, undurchsichtiges Tuch auf den Kopf gelegt und spielt das Gespenst *Schuschu*. Das Gespenst soll versuchen, die anderen Kinder zu fangen. Diese machen dabei das Gespenstergeräusch „*Hu ... Hu ...*" oder „*Hui ...*", damit sie gehört werden. Wenn die Kinder dieses Geräusch mit runden Lippen bilden, wird dadurch die Bildung des Lautes *sch* unterstützt.

Feinmotorikübung für die Kleineren

Finger-Gespenster: Hierfür nehmen die Kinder weiße Papiertaschentücher auseinander und legen die voneinander getrennten vier dünnen Tücher quer übereinander. Dann füllen sie Watte in die Mitte und binden alles mit einem dünnen Band zusammen. Anschließend malen die Kinder einen Kopf darauf – mit bösem oder lachendem Gesicht. Diese Gespenster können die Kinder auf den Zeigefinger stecken und damit Gespenst spielen oder aber sie stellen daraus ein Mobile her.

Gestatten: Sarah, mit Sitz im Sauerland (1/7)

S

Die kleine Fliege *Sarah Sasahnie*
wohnt mit ihren Geschwistern mitten im Sauerland.
Am Rande einer Sommersiedlung. Sie wohnt dort,
solange sie denken kann. Und das sind beinah genau
sieben Millionen siebenundsiebzig Fliegensekunden*
lang. Und wenn sie sich bei einem
der anderen Sommergäste mal vorstellen möchte,
dann sagt sie immer ganz selbstsicher: „Gestatten,
mein Name ist *Sarah Sasahnie*, mit Sitz im Sauerland."
„Sitz" sagen die Erwachsenen, wenn sie den Ort
meinen, an dem sie wohnen.
So kompliziert sind manchmal die Erwachsenen.
Sicherlich, *Sarah* ist für so eine seltsame Vorstellung
noch sehr jung. Aber so was macht ihr sehr viel Spaß.

Im Sommer sitzt *Sarah Sasahnie* nicht selten
im Schatten eines Blattes auf ihrem Sommerbaum.
Dort träumt sie sehnsüchtig von der Südsee.
Von Palmen am Strand. Vom heißen Sand
und von der Südseemusik. Das hat sie alles
schon mal in einer Sendung im Fernseher gesehen.
Denn eines Sonntagmorgens ist sie aus Versehen
in einem Kinderzimmer aufgewacht.
„Die Sendung mit der Maus" war das sicherlich,
glaubt *Sarah*. Denn im Sauerland sieht man
Südseesand sonst an sich ziemlich selten.
Eigentlich nie. Da sollten wir mal ganz ehrlich sein.

[** Das sind ziemlich genau 81 Tage, wenn man davon ausgeht, dass eine Fliegensekunde genauso lang ist wie eine Menschensekunde. Aber wer weiß das schon.*]

Gestatten: Sarah, mit Sitz im Sauerland (2/7)

Sarah Sasahnie weiß natürlich selber,
dass die Südsee sehr weit weg ist.
So hat sie zur Sicherheit noch einen zweiten Traum.
Eine zweite Sehnsucht. Schon fast eine Liebhaberei:
Sarah isst so gerne süße Sachen.
Sie ist eine richtige Naschkatze.
Zum Beispiel: Sachertorte, mmmh. Da fliegt sie drauf.
Im wahrsten Sinne des Wortes. Oder: Eis mit Sirup.
Oder: Vanilleeis mit sonnengereiften Südseefrüchten.
Oder: Nussecken, mmmh, oder Sahnetorte, oder,
oder, oder … Natürlich sollte alles mit Süßstoff sein.
Zumindest, wenn es geht.
Damit sie nicht zu sehr zunimmt. So sehr sie sich
auch wehrt: Manchmal träumt sie nachts sogar von
einer siebenstöckigen Supersahne-Schokoladen-Torte.
Serviert auf einem Silberteller. Es ist schon seltsam.
So sitzt sie ständig nur auf ihrem Blatt
und summt vor sich hin:

Supersahne-Schokoladen-Torte!
Ich stehe auf Süßes – mag jede Sorte.
Süße Sachen rauben mir den Verstand.
Gestatten: Sarah, mit Sitz im Sauerland.

Sarahs Mutti sieht das seit langer Zeit
mit sehr großer Sorge: Denn immer nur Sitzen
und Summen und Süßigkeiten Naschen
setzt auf die Dauer ganz schön an. *Sarah* sollte
mal wieder durch die Sommersiedlung sausen.
So wie es anderen kleinen Fliegen auch in den Sinn
kommt. Aber zuerst soll sie mal etwas abnehmen.
„So, *Sarah*“, sagt *Sarahs* Mutti deshalb,
„ich setze dich jetzt auf den nächsten Sattelschlepper,
der nach Süditalien fährt.

Gestatten: Sarah, mit Sitz im Sauerland (3/7)

S

S Gestatten: Sarah, mit Sitz im Sauerland (4/7)

Dort bleibst du bis September bei *Onkel Salvatore*
in Sassari auf Sardinien. Der passt sicher auf dich auf
und dort wirst du etwas abnehmen.
Denn bei *Signor Salvatore Sasahnie* gibt es
keine Süßigkeiten. Und sei artig."

Gesagt, getan. So sitzt *Sarah* auf dem Sattelschlepper
und fährt zum *Onkel Salvatore* in den Süden.
Das ist eine ganz schön lange Strecke
vom Sauerland nach Süditalien.
Aber zum Glück reist *Sarah* sehr gerne.
„Oh, was für eine Sauerei", denkt *Sarah*,
„wie werde ich all die süßen Sachen vermissen.
Keine Sahnetorten mehr und keine Süßigkeiten.
Wohl möglich nur noch Salat. Oh je. Oh je."
Denn *Sarah* kennt *Signor Salvatore Sasahnie*
ziemlich genau. Der ist zwar auch Bäcker,
aber der backt keine Sahnetorten oder süße Semmeln.
Na, was backt der wohl? Richtig!
Onkel Salvatore ist Pizzabäcker.
Pizza mit Sardellen ist seine Lieblingspizza. Iiih, salzig.
Onkel Salvatore ist sowieso ein salziger Typ.
Der mag gern Salzheringe mit Salzkartoffeln.
Er isst ständig Salzstangen. Oder Sardinen
in Öl oder in Salzlake aus dem Salzsiedehaus.
Oh je, wie wird sie sich nach ihren Süßigkeiten sehnen.
Sarah kuschelt sich auf dem Sattelschlepper
seitlich unter einen alten Sack.
Bevor sie in den Schlaf sinkt,
summt sie noch einmal ihr kleines Lied:

Supersahne-Schokoladen-Torte!
Ich stehe auf Süßes – mag jede Sorte.
Süße Sachen rauben mir den Verstand.
Gestatten: Sarah, mit Sitz im Sauerland.

Gestatten: Sarah, mit Sitz im Sauerland (5/7)

Der Sattelschlepper zieht mit *Sarah*
durch viele Länder. Aber dann: Endlich.
Sarah qualmen schon fast die Socken,
aber nun ist sie in Sassari angekommen.
Sassari liegt in Süditalien auf Sardinien.

Onkel Salvatore und *Tante Susanna* freuen sich sehr.
Zur Begrüßung gibt es Schnittchen mit Salami
und Saft. Schon nach wenigen Tagen
fühlt sich *Sarah* so richtig wohl im sonnigen Süden.
Sie hat sensationell viel Spaß bei *Onkel Salvatore*
und *Tante Susanna*.

Was hat sie sich vorher bloß für Sorgen gemacht!
Sie geht Segeln und Surfen.
Hilft beim Angeln und sonnt sich am Sandstrand.
Sie saust und zischt durch die Gässchen von Sassari.
Und zwar mit solcher Geschwindigkeit,
dass sich mancher wundert.
Sie träumt auch nur noch ganz selten von der Südsee.
Von Süßigkeiten träumt sie fast nie. Nur manchmal
sehnt sie sich ein bisschen nach dem Sauerland.
„Was werden die beim Wiedersehen wohl sagen?“,
denkt *Sarah*. Denn sie ist sehr schlank geworden.
So vergehen für *Sarah* die Wochen im Sauseschritt
und die Tage wie Sekunden. Ratz-fatz wird es
September und Zeit zum Abschiednehmen.
Signor Salvatore hat sich am letzten Abend sehr viel
Mühe gegeben. Er hat eine riesige Pizza Hawaii
mit frischen Ananas aus der Südsee gebacken.
Dazu gibt es einen großen Salatteller
mit süß-saurer Sauce.

S

Gestatten: Sarah, mit Sitz im Sauerland (6/7)

Gestatten: Sarah, mit Sitz im Sauerland (7/7)

S

Mmmh. *Sarah* schmeckt es sehr gut.
Denn inzwischen hat sie längst gelernt:
Man muss nicht nur immer Süßigkeiten essen,
um lecker satt zu werden.

„Ciao, *Sarah*! Tschüss, meine Liebe!
Schöne Grüße zu Hause!“, summt es ihr immer noch
lange in den Ohren. Auch noch als sie bereits wieder
auf einem Sattelschlepper Richtung Sauerland sitzt.
Diesmal Seite an Seite
mit einer Weinbergschnecke aus Sizilien,
die eine Freundin im Saarland besuchen will.

So wie die Hinfahrt, so vergeht auch
die Rückreise ziemlich zügig.
Sobald *Sarah* die Sommersiedlung im Sauerland
sehen kann, startet sie vom Sattelschlepper.
Sie saust über die Bäume zu ihrer Familie.
Die Freude ist riesig. Sie umarmen
und sie küssen sich. „Na, *Sarah*“, fragt *Sarahs* Mutti,
„bist du denn auch immer satt geworden,
so schlank wie du jetzt bist?“
„Ja, sicher“, sagt *Sarah*.
„Ich habe schnell gelernt, dass es außer Süßigkeiten
noch so viele leckere Sachen gibt.“
„Siehst du“, schmunzelt *Sarahs* Mutti,
„man sollte immer ein bisschen darauf achten,
was man isst. Essen mit Stil und Ziel.
Dann darf man auch zwischendurch
schon mal was Süßes naschen.“
„Si, Mama“, sagt *Sarah*. Das ist italienisch
und heißt „Ja“, und dann saust sie davon.

S Süße und gesunde Sachen

Zuerst fliegt Sarah auf alle süßen Sachen. Dann lernt sie
bei Onkel Salvatore, über gesunde Speisen zu lachen.

Male mit einem Stift die Flugbahn von Sarah zu den süßen Sachen nach. Danach kannst du die süßen Sachen ausmalen.

Überlege dir, welche leckeren und gesunden Speisen Sarah bei Onkel Salvatore bekommt. Male sie in die Kreise.

Sarah bei Onkel Salvatore, dem Pizzabäcker

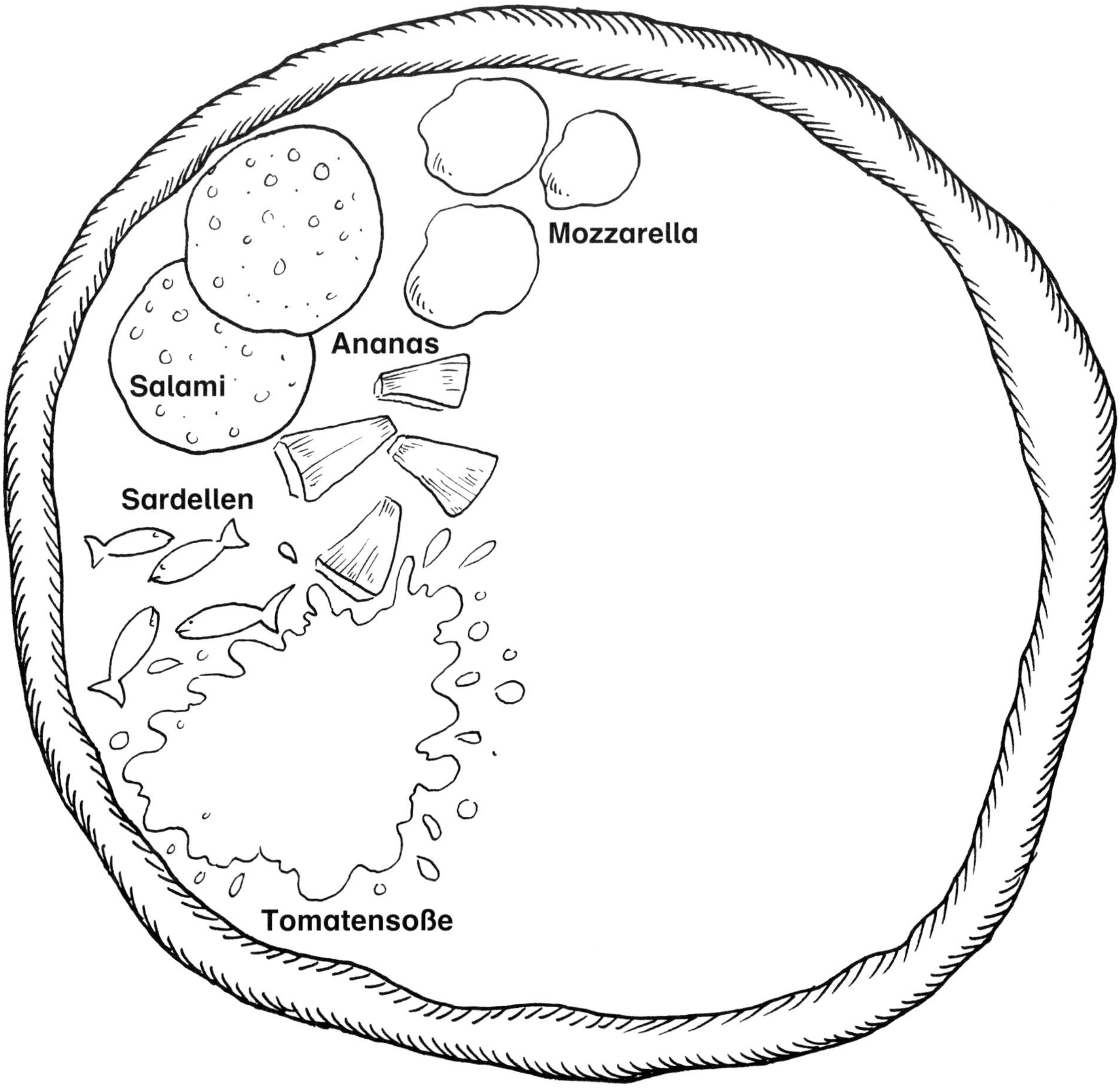

Male die Pizza zu Ende. Du kannst auf die freie Seite die gleichen Zutaten malen wie auf der anderen Seite. Oder du malst dir eine eigene Pizza-Hälfte mit den Zutaten, die du gerne isst.

Informationen zum Laut *s*

Wie wird der Laut gebildet?

Der Laut kann stimmlos (wie am Wortende, z.B. bei „*Eis*“) oder stimmhaft (wie bei „*Sonne*“) gebildet werden. Es ist ein Reibelaut:
Luft wird über eine Mittelrille der Zunge an den vorderen Frontzähnen gerieben. Der Mund steht in Lächelstellung.

Voraussetzungen

- Entweichen eines konzentrierten Luftstroms aus dem Mund
- Zähne als Widerstand, damit der Luftstrom daran gerieben werden kann (Bei fehlenden Frontzähnen den Laut nicht üben, Frontzahnwechsel oben und unten abwarten.)
- eine feine Zungenspitzen- und Zwerchfellspannung
- ein gutes Hörvermögen für die hohen Frequenzen und die Unterscheidung von anderen Lauten (*sch*, *ch 1*, *f*, *w*)

Häufige Fehlbildungen

- Zunge drückt gegen die Zähne = addentaler Sigmatismus (Lispeln)
- Zunge drückt zwischen die Zähne = interdentaler Sigmatismus (Lispeln)
- Luft entweicht seitlich = lateraler Sigmatismus (Lispeln)
  Hinweis: Der Luftstrom kann vor dem Mund gefühlt werden, wenn die Kinder ihren Zeigefinger mit Speichel benetzen.

Bewegungsunterstützung bei der Bildung des Lautes *s*

- weite, fließende Bewegungen mit den Händen, Armen und Füßen ausführen
- Zeigefinger und Daumen im Pinzettengriff zusammenführen (zur Unterstützung der Zungenspannung)
- Bewegungen vom Körper weg ausführen (z.B. aufgestellte Gegenstände umhauen)

Unterstützende Übungen und Spiele zur Mundmotorik

- mit Lächelsprache (Mund leicht breitgezogen geöffnet) Sprachspiele durchführen wie „Ich sehe was, das du nicht siehst!“

Spiele mit dem stimmlosen Laut (ß)

- „Schlangenkiste“ basteln, mit einem Schlangenzischen verschiedene Fäden herausziehen
- mit Zeigefinger und Daumen Watte ziehen, diese Watte von oben auf ein geleimtes/mit Klebstoff überzogenes Blatt Papier rieseln lassen (z.B. für ein Winter- oder Wolkenbild)
- mit Fingerfarben oder Kreide malen: in großen, weiten Bewegungen Kreise oder Schleifen malen
- Schlangengrube spielen: Die Kinder führen mit einer Papierschlange große, weite Bewegungen aus. Dabei zischen sie das Schlangen-*ß*.

Spiele mit dem stimmhaften Laut (s)

- Bienen malen, die mit *„Ssssum“* auf Blumen fliegen
- vor verteilten Bildkarten (von Wörtern, die mit einem *s*-Laut beginnen) im Fersensitz entweder eine Flasche drehen oder eine Kugel in einem Reifen rollen lassen: Ein Kind umschreibt die Karte, bei der die Flasche oder Kugel stoppt. Die anderen Kinder raten.
- im Fersensitz einen Ball um sich herum rollen lassen, dabei so lange das *s* anhalten, wie der Ball rollt
- Zaubern mit einem Zauberstab, der mit großen Bewegungen geführt wird, dabei den Zauberspruch „*Sim Salabim* ...“ sagen
- Wettbewerb an der Dartscheibe: Die Klettbälle oder -Pfeile können auch mit einer Silbe, wie „*Si*“, „*Se*“ oder „*Sa*“, geworfen werden.
- mit gestreckter Fußspitze Figuren im Sand malen, die von den anderen Kindern im Entstehen erraten werden sollen
- ein Mandala mit Kreis- oder Spiralformen ausmalen

Der Troll und Tipptteufel Theodor im Tintetangel-Land (1/6)

T

Tintetangel-Land. Wisst ihr wirklich nicht,
wo Tintetangel liegt?
Tintetangel-Land ist in fast jedem Diktiergerät.
Oft wird Tintetangel in Schreibmaschinen gesichtet.
Aber mit Sicherheit ist Tintetangel in jedem Computer.
Selbst in Telefonen oder Handys wird neuerdings
von Tintetangel berichtet.

Im Tintetangel-Land wohnt *Theodor*, der Tippteufel.
Theodor sitzt fest im Sattel. Obwohl er jetzt
keine direkte Ausbildung als Tippteufel gemacht hat.
Tippteufel sind für die Benutzer der Geräte
immer Einzeltäter.
Theodor ist ein kleiner tatkräftiger Trolltippteufel.
Der nimmt seine Arbeit sehr ernst. Trockenernst.
Theodor ist dir bestimmt schon mal begegnet.
Davon etwas später etwas mehr.
Und er hasst weißes Papier.

Tintetangel-Land ist kein normaler Ort.
Keine bekannte Stadt. Kein Nest in Hinterputzigen.
Tintetangel ist überall. Und deswegen wohnt *Theodor*
eigentlich überall. Nur nicht so richtig fest.
Tintetangel-Land ist eigentlich mittlerweile
überwiegend technisch elektronisch.
Und aus diesem Grund schlecht festzustellen.
Eigentlich gar nicht.

Der Troll *Theodor* traut sich was. Nicht nur teilweise.
Fast Tag für Tag und auch später als am Tag.
Er traut sich bittere Schoten zu. Jeder Mietvertrag
und jeder Heiratsantrag wird gelegentlich
von dem Troll *Theodor* aufgesucht.

T Der Troll und Tippteufel Theodor im Tintetangel-Land (2/6)

Theodor, der Tippteufel, liebt Buchstaben und Wörter.
Besonders gerne tauscht er Buchstaben aus.
Theodor macht aus toll voll, aus Tanzen Ranzen,
aus Taube Laube, aus Matte Latte oder aus Tau Pfau.
Vielleicht fällt euch ja selber später
auch noch etwas ein.
Theodor ist geschickt im Tauschen von Buchstaben.
Fast der Geschickteste
im ganzen bunten Tintetangel-Land.
Munter singt *Theodor* beim Tauschen
und Täuschen in der Wörterwelt ein Lied:

Ich mache aus „Teppich“ einen „Rettich“.
Ich mache aus „Tonne“ eine „Sonne“.
Ich mache aus „Flitter“ bald „Glitter“
und aus „Tor“ einen „Chor“.
Ich bin der Tippteufel-Theodor!

So geht es zu in der Welt von *Theodor*,
dem Tippteufel im Tintetangel-Land.
Theodor, der Tippteufel, ist nicht umsonst ein Troll.
Denn in fast jedem kon**troll**ierenden Wort
kommt unser Troll vor. Kon**troll**liste, Kon**troll**anlage,
Kon**troll**apparat, Kon**troll**system,
selbst in der Kon**troll**uhr ist *Theodor* als Troll vertreten.
In jedem Wort ist ein Troll. Der sich natürlich auch traut
zu tauschen. Buchstaben, sogar Wörter, zu tauschen.

Ich baue aus „Leute“ die „Beute“.
Ich bastle aus „Ratte“ die „Watte“.
Ich mache aus „Topf“ einen „Tropf“
und aus „Tor“ einen „Chor“.
Ich bin der Tippteufel-Theodor!

Der Troll und Tippteufel Theodor im Tintetangel-Land (3/6)

T

T

Der Troll und Tippteufel Theodor im Tintetangel-Land (4/6)

Als Textdichter verzweifelt man natürlich an *Theodor*.
Aber kürzlich bin ich in sein Land gereist. War es vielleicht ein Traum? Oder war es die Wirklichkeit?

Große Buchstaben kamen auf mich zu.
Traurige Wörter begegneten mir zuerst
in dieser anderen Welt.
In einem großen Tunnel begegneten mir
ein turmhohes T und ST.
Und A und B und wie sie alle heißen.
Das ganze Alphabet war vertreten.
Da hatte ich schon etwas Angst.
Wörter wie: trübe, trotzig, tot. Aber auch lustige Wörter:
toll, gut und laut und talentiert.
Als ich aus dem Tunnel taumelte,
tanzte der Troll und Tippteufel *Theodor* gerade
vor einem gigantischen Telefonbuch.
Er weinte und lachte zugleich.
Es waren Tränen der Freude:
„Mein Gott, was kann ich jetzt alles tauschen."
Viel zu spät hatte er die Telefonbücher entdeckt.

Ich mache aus der „Mutter" eine „Butter"
und aus dem „Futter" einen „Kutter"
und aus dem „Fisch" einen „Tisch"
und aus dem „Tor" einen „Chor".
Ich bin der Tippteufel-Theodor!

Theodor, der Tippteufel, war total aus dem Häuschen.
Aus dem Tintetangel-Land-Häuschen. Man könnte auch sagen, aus der Tintetangel-Land-Hütte.
Denn so groß ist das Tintetangel-Land ja nicht.
Obwohl es ja überall ist.
Nur – Trolle brauchen nicht viel Platz.

Der Troll und Tippteufel Theodor im Tintetangel-Land (5/6)

Irgendwie hatte ich die Traute, dem *Theodor* zu sagen,
dass sein stetiges Tauschen und Täuschen
ganz schön anstrengend ist.
Doch *Theodor* hat schon fast eine richtige
Tausch-Kult-Kultur entwickelt. Und er singt:

Ich gebe einem „Hund“ einen „Mund“.
Ich gebe dem „Ort“ sein „Wort“.
Ich mache aus der „Braut“ ein „Kraut“.
Ich komme mir ganz schön komisch vor,
denn ich bin der Tippteufel-Theodor!

Der Troll und Tippteufel Theodor im Tintetangel-Land (6/6)

Total toll findet das natürlich keiner so richtig. Keiner, der Texte, Diktate oder Tagebücher schreiben möchte. Denn Tippfehler vom Troll und Tippteufel *Theodor* aus dem Tintetangel-Land muntern nicht unbedingt so auf.
Trotzdem tauscht *Theodor* erneut:

Aus der „Tinte“ wird die „Tante“.
Aus dem „Teich“ entsteht ein „Teig“.
Aus der „Tuba“ kommt die „Tube“
und ein tiefer Tenor zugleich.

Ich bin ein Teufel für die Tipper,
jetzt verlege ich mich auf das Ohr.
Achtet jetzt auch am Telefon
auf den Tippteufel-Theodor!

Nachdem *Theodor* das Telefon und das Handy entdeckt hat, ist für ihn praktisch Tür und Tor geöffnet. Durch das Täuschen und das Tauschen in der gesamten Sprache.
Seitdem bestimmt *Theodor* praktisch unser tägliches Leben. Ihr habt das bestimmt schon gemerkt. Man kann aus Geld ein Feld machen und aus einem Ort ein Wort.

Eigentlich kann das ja auch komisch sein.
Versucht ihr das doch auch mal!
Vielleicht auch mal mit anderen Buchstaben.
Zur Entspannung. Der Troll und Tippteufel *Theodor* freut sich bestimmt. Aber Halt!
Nur zum Vergnügen. Nicht im Unterricht.
Vielleicht helfen euch ja die Eltern.

Der Theodor lernt das Schreiben am Computer

T

Hilf dem Tippteufel Theodor. Auf der Tastatur seines Computers fehlen nämlich die Buchstaben.

Bestreiche zuerst alle Tasten mit Klebstoff.
Mache deinen Zeigefinger an der Zunge nass und tippe mit dem Zeigefinger auf Konfetti.
Klebe dann das Konfetti auf eine Taste.
Mache solange weiter, bis alle Tasten bunt sind.
Schreibe danach von einer richtigen Tastatur die Buchstaben ab. In jedes bunte Feld kommt der passende Buchstabe hinein.

T Theodor findet neue Wörter

T _ _ _ _

Kanne

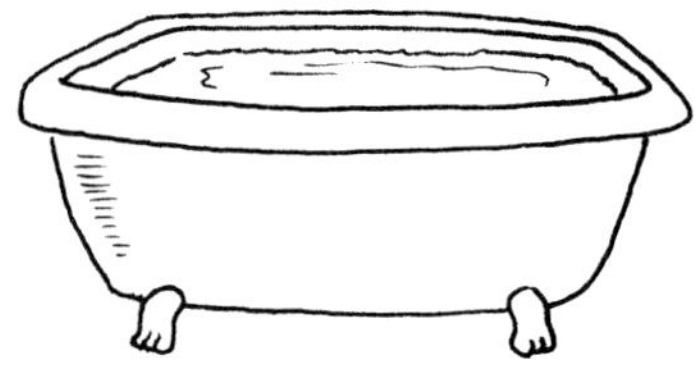

Wanne

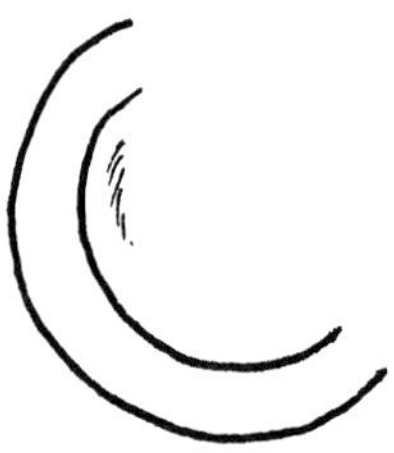

T _ _ _ _ _

Keller

schneller

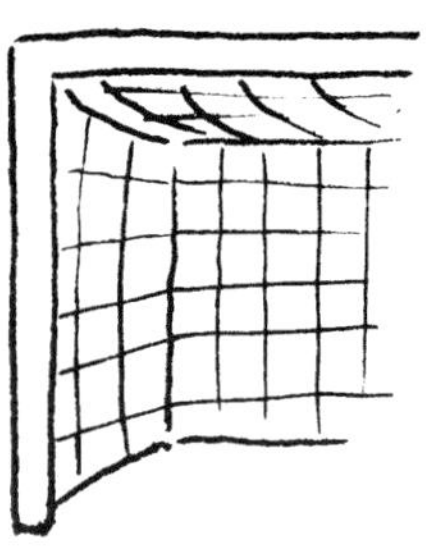

T _ _

Chor

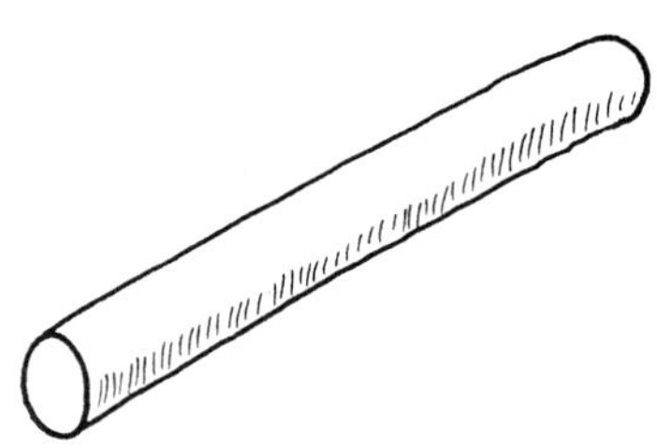

Rohr

- **Male die vollständigen Bilder aus. Sprich jedes Wort laut dazu.**
- **Suche dann die Wörter, von denen nur der erste Buchstabe aufgeschrieben ist.**
- **Male zum Schluss die angefangenen Bilder zu Ende.**

Die Drachen Dondel und Dandel vom Drachenfels (1/8)

D

Das Gestein des Drachenfels wurde schon
zum Aufbau des Kölner Doms benutzt.
Wer hätte das gedacht?
Seit dem 19. Jahrhundert gehört der Drachenfels
zum Naturschutzgebiet „Siebengebirge".
Das Siebengebirge ist eine vulkanische Berggruppe
am Mittelrhein. Dort wird auch dauernd
von Gespenstern geredet. Ganz geheimnisvoll.
Denn im Dunkeln und im Dämmerlicht
werden ja sowieso von Dichtern und Denkern
die schönsten Märchen erfunden. Manchmal reicht
auch schon der Dunst des Abendlichtes.
Und zwar der des Drachenfelsens.

Dort wohnt *Dondel*, ein weiblicher Drache
vom Drachenfels. Sozusagen eine Drachendame.
Obwohl man vielleicht doch sagen darf,
dass *Dondel* eher noch ein Mädchen ist.
Also, *Dondel* ist doch noch ein Drachenmädchen.
Dondel wohnt im Drachenfelsland.
Das ist ein Land der Dauerextraklasse für Drachen.
Daheim im Drachenfelsland wird *Dondel* dauernd
Dondel, die Daumendrauf, genannt.
Weil sie dauernd irgendwo ihren Daumen
oder ihre Drachennase drauf hat. Damit das klar ist,
was gemeint ist: *Dondel* ist dauernd neugierig.

Allerdings darf *Dondel* nicht baden oder duschen.
Denn wenn Drachen duschen, dann kann dadurch
das Feuer ersticken. Doch das weiß man als Drache.
Auch schon als Mädchendrache.
Deswegen duften Drachen fast nie wie Damen
auf dem Laufsteg. Auch nicht im Dezember,
wenn das Christkind kommt.

Die Drachen Dondel und Dandel vom Drachenfels (2/8)

Der Dezember ist sowieso drachenunfreundlich.
Wegen der ständigen Tannenbaumbrände
im Drachenfelsland. Denn es gibt immer noch
den einen Dummen oder die andere Dumme.
Die glauben dann, dass Feuer nur durch Drachen
vom Drachenfels entstehen. Das stimmt natürlich nicht.
Obwohl man es denken könnte. Manchmal entsteht
das Feuer nur durch einen Hausdrachen.
Den haben aber die wenigsten.
Denn meistens entsteht das Feuer dadurch,
dass ein Mensch nicht dauernd aufmerksam war.
Oder durch einen technischen Defekt.
Oder durch Donner und Blitz.

Aber auch dieses weiß man schon als Drachenkind.
Und erst recht als Drachenmädchen wie *Dondel*.
Dondel würde durch Dick und Dünn
mit ihren Freundinnen gehen.
Doch dann geschieht Folgendes: *Dondel* dümpelt
gerade in der Dämmerung
durch das Dickicht eines dunklen Drachenfelstales.
Da trifft sie ihre Freundin *Dandel*.
Dandel ist auch ein Drachenmädchen.

Und was machen Drachenmädchen,
wenn sie sich durch Zufall treffen? Da habt ihr recht.
Sie singen erst mal ein Lied zusammen:

> *Dauernd donnern Drachen durch das Drachental,*
> *durchs Dickicht in der Dämmerung*
> *ist das gnadenlos genial.*
> *Dumm, bumm, dubederum!*
> *Denn durch die Dunkelheit der Drachennacht*
> *werden Geschichten erst gemacht.*
> *Dumm, bumm, dubederum!*

Die Drachen Dondel und Dandel vom Drachenfels (3/8)

Die Drachen Dondel und Dandel vom Drachenfels (4/8)

Dondel und *Dandel* sind die besten Freundinnen.
Sie ziehen weiter durch die Drachenfelslandnacht.
In dieser Nacht treffen sie auf *Dindeldie*.
Dindeldie ist nicht direkt ein Drache.
Sondern eher ein Krokodil. Denn das eine oder
das andere Krokodil wohnt auch im Drachenfelsland.
Und auch noch andere Tiere und Fabelwesen.
Doch ist es so, dass beinah nur Kinder
sie sehen können. Durchaus ist es so,
dass die Drachen auf dem Drachenfels
durch eine Märchenweltsperre gedeckt sind.
Die bedeutet, dass nur Kinder
die Drachen sehen können.
Wie schon gesagt: Unheimliche Geschehnisse
passieren im Drachenfelsland.

Die Dinosaurier sind nicht dämlich
und halten sich diskret zurück.
Denn wenn die Dinosaurier
im Drachenfelsland entdeckt würden,
dann würde direkt ein Film darüber gedreht.
Das wäre dann der Jurassic Park in Deutschland.
Dumm, dumm, dumm, entdeckt.
Jurassic am Drachenfels.
Das werden euch dann die Erwachsenen erklären,
falls ihr das noch nicht versteht.

Dindeldie drängen viele Probleme.
Die liegen ihr direkt auf der Haut.
Auf der dicken Krokodilhaut.
Denn Krokodile werden immer noch gnadenlos gejagt.
Die werden gnadenlos abgeschlachtet.
Um daraus sehr dreist viele dumme Sachen
zu machen: Damenhandtaschen.
Damenhüte. Damenschuhe. Geldbörsen.

Die Drachen Dondel und Dandel vom Drachenfels (5/8)

Aber auch vieles für die Männer. Denkt nicht,
die Männer kaufen nicht so einen Dreck.
Für die gibt es auch alles. Selbst für Kinder
gibt es viele Produkte aus der Haut der Krokodile.
Demnach sollten auch Kinder schon früh
darüber nachdenken!

Dindeldie ist ein fideles Krokodil, das nicht ständig
unter der Decke liegt und summt:

Dauernd donnern die Drachen
– durch dieses Gebiet.
Dauernd donnern die Drachen
– doch niemand hat mich lieb.
Doppelt dick und dreimal dämlich
– das sieht den Krokodilmädchen ähnlich.

Nein, so drauf ist *Dindeldie* nicht.
Doch eigentlich und heimlich denkt *Dindeldie* doch,
dass sie etwas zu dick ist.
Denn für ein Krokodilmädchen hat sie vielleicht
das eine oder das andere Kilogrämmchen zu viel.
Krokodilmädchen, so wie *Dindeldie*,
sind eigentlich ziemlich schlank und rank.
Und auch *Dieter*, das Dromedar,
wird das wohl denken. *Dieter* ist irgendwie
heimlich ins Drachenfelsland eingedrungen.
Und auf das Dromedar hat *Dindeldie*
ein durchaus großes Auge geworfen.
Ganz ehrlich gesagt: *Dindeldie* denkt doch,
dass sie zu dick ist. Ein bisschen.
Doch nur ein ganz kleines bisschen.
Dennoch ist sie deswegen etwas betrübt.

D Die Drachen Dondel und Dandel vom Drachenfels (6/8)

Zum Glück haben ihre Freundinnen
Dondel und *Dandel* gesagt:
„Du musst dich nicht dick fühlen, *Dindeldie*,
du Krokodilmädchen. Denn du bist eine Schönheit.
Glaube es uns. Aber selbst wenn du dick wärst,
würden wir dich lieben.
Denn die meisten Drachen mögen dicke Krokodile.
Oder umgekehrt. Das weiß man nicht so genau."
Dieser doch nicht ganz eindeutige Satz
erzeugte viel Gelächter unter den dreien.
Dann machte *Dondel* den gleich folgenden Vorschlag.
Die Idee schlug wie ein Donnerschlag ein:
„*Dindeldie*, wenn du dich dennoch
manchmal einsam und dick fühlst,
dann machen wir eine Damenkapelle auf.
Die wird richtig Dampf machen
im ganzen Drachenfelsland. Das zeigt dir dann,
dass man auch als vielleicht etwas Dickere
richtig Dampf machen kann. In dem Land,
in dem die Dünnen ganz schön in der Überzahl sind."

Könnt ihr euch so was vorstellen?
Drei Drachen als Damenkapelle? Nein oder doch?
Drei Drachenmädchen als Dauerbrenner
für Dauerhits? Doch! Nicht wahr?
Die drei Drachendamen sind ja genau genommen
zwei Drachenmädchen und ein Krokodilmädchen.
Die werden es schaffen!

Dandel fragt: „Sag du, *Dondel*,
wie sollen wir uns nennen?"
Huups, da sagt *Dindeldie* schnell:
„Ganz einfach, wir nennen uns die ‚Dindeldies'."

Die Drachen Dondel und Dandel vom Drachenfels (7/8)

D

Dondel ist dagegen, denn *Dondel* meint:
„Wir sind zu dritt und wir heißen *Dindeldie*,
Dandel und *Dondel,* und ich schlage es mal so vor:
Wir nennen uns ‚Ding, Dang, Dong'."
Damit sind auch nicht alle einverstanden.
Und dann geht die Diskussion erst richtig los.

Man erzählt sich, dass sich die drei nach mehr als
drei Tagen und drei Drachenfelsnächten
auf den Namen ‚Dick, Dack, Doo' geeinigt haben.
Und sie sollen jetzt mindestens den dritten Platz
in der deutschen Drachenfelshitparade anstreben.

Dem und der Geschichte habe ich
nichts hinzuzufügen. Bis auf eine Kleinigkeit:
Dieter, das Dromedar, interessiert sich nun
doch sehr deutlich auch für *Dindeldie*.
Aber er tut immer so, als würde er sich
für die ganze Band interessieren.
Das glaube ich aber nicht.
Denn das wäre doch dann ziemlich
‚Dick, Dack, Doof'.
Aber so sind vielleicht die Dromedare.
Man weiß es nicht.

D

Die Drachen Dondel und Dandel vom Drachenfels (8/8)

Dandel und Dondel helfen, ein Lagerfeuer anzumachen

Auch du kannst die beiden Drachen beim Anmachen des Lagerfeuers unterstützen.

Male mit roter Farbe das Lagerfeuer zu Ende und das Feuer, das beide Drachen aus ihrem Rachen spucken. Stell dir dabei vor, wie schön warm es dir am Lagerfeuer wird. Stell dir vor, wie es sich anhört, wenn das Feuer knistert. Und stell dir vor, wie es riecht.

D

Dandel, Dondel und Dindeldie gründen eine Damenkapelle

Überlege dir, welche Instrumente zu den zwei Drachenmädchen und dem Krokodilmädchen passen könnten. Suche für jedes Tier ein Instrument aus. Schneide dann die Tiere und die Instrumente aus. Klebe sie zusammen auf ein Extrablatt. Male zum Schluss das Bild bunt aus.

Informationen zu den Lauten *t* und *d*

Wie werden die Laute gebildet?

Beide Laute werden beinahe gleich gebildet. Der Laut *t* wird ohne Stimme, der Laut *d* etwas weicher und mit Stimme gebildet. Es sind Explosivlaute. Die Zungenspitze hebt sich zuerst gegen den Zahndamm hinter den oberen Schneidezähnen. Sie bewegt sich dann beim *t* schnell und beim *d* langsamer und weicher (mit Stimmeinsatz) von der Lautbildungsstelle weg.

Voraussetzungen

Für die spannungsreiche Bildung der beiden Laute wird Zwerchfellkraft benötigt.
Falls ein Kind die Laute *k* und *t* sowie *g* und *d* noch verwechselt, sollte abgeklärt werden, ob es eine Lautdifferenzierungsschwäche zeigt.

Häufige Fehlbildung

Wenn Kindern die oberen Schneidezähne fehlen, kommt die Zunge häufig zu weit nach vorne. Dies ist oft mit einer Zungenfehlfunktion beim Schlucken verbunden. Bezüglich dieser Störung verweisen wir auf die Informationen zu den Lauten *l* und *n* (S. 141/142).

Bewegungsunterstützung bei der Bildung der Laute *t* und *d*

- mit ausgestrecktem Zeigefinger die Hand impulshaft aus der Körpermitte nach vorne (schräg nach oben) bewegen
- sich in den Fersensitz begeben
- Bewegungen machen, die mit der Finger- oder Fußspitze ausgeführt werden, ebenso den Pinzettengriff (mit Daumen und Zeigefinger) einsetzen
- zungenmotorische Übungen durchführen: die Zunge spitz und breit machen (z.B. durch einen Ring hindurch schieben o.Ä.); bei offenem Mund die Zähne mit der Zunge einzeln antippen

Unterstützende Übungen und Spiele

Allgemeiner Hinweis: Bei den ersten drei Spielen ist es wichtig, dass der Impuls aus der Körpermitte nach vorne weg (schräg nach oben) geführt wird.

- Wurfspiele: Dartpfeile werfen, die zwischen Daumen und Zeigefinger genommen werden; Bälle durch Reifen werfen; Basketballspiel
- Seifenblasenspiel: Ein Kind pustet die Seifenblasen, die anderen Kinder sollen diese mit gestrecktem Zeigefinger zum Platzen bringen.
- Luftballonspiel: Ein Luftballon soll von einem einzelnen Kind oder von einer Gruppe mit gestrecktem Zeigefinger angetippt und in der Luft gehalten werden.
- Watte-Fußball: Daumen und Zeigefinger schnipsen Watte in vorbereitete Tore. Dabei bildet das Kind den Laut *t*.
- einen Parcours (aus Flaschen, Dosen o.Ä.) aufbauen und über diesen im „Storchengang" schreiten

Informationen zu den Lauten *t* und *d*

Unterstützende Übungen und Spiele *(Fortsetzung)*

- Kerzen mit „*t*“ anfachen und auspusten
- mit Fingerfarben Bilder malen: Dabei sollen die Kinder mit gestrecktem Zeigefinger in die Farbe gehen und z.B. Punkte auf Marienkäfer, Pilze usw. auftragen.

- das Uhrgeräusch „*tick-tack*“ nachmachen
- Hüpfspiele machen und mit „*t*“ begleiten: z.B. „Himmel und Hölle“ o.Ä.
- Schnipselbilder anfertigen: Die Kinder kleben Konfetti oder vorher kleingeschnipseltes buntes Papier mit der an der Zunge befeuchteten Zeigefingerspitze auf vorgefertigte Blätter.
- „Ich sehe was, das du nicht siehst“ spielen: Die Kinder raten mit gestrecktem Zeigefinger und den Worten „Ist es das dort?“
- Fingerspiel: Auf die Daumen beider Hände kommt Fingerfarbe. Der Reihe nach tippen jetzt Zeige-, Mittel-, Ring- und kleiner Finger den Daumen an, bis alle Fingerspitzen farbig sind. Dabei können die Kinder das Wort „*da*“ sprechen, als sollte den Fingern gesagt werden, dass sie auch Farbe abbekommen.
- Eine sinnliche Handmassage mit duftender Creme machen: In ruhiger und entspannter Atmosphäre (eventuell mit Entspannungsmusik) cremen sich die Kinder gegenseitig oder die Kinder den Eltern bzw. umgekehrt die Hände ein. Das ist zum einen eine Sinneserfahrung, zum anderen führt es zur verbesserten Wahrnehmung der Hände.
  Dabei sollten die Kinder zuerst die Handinnenfläche und dann den Handrücken massieren. Anschließend sollten sie jeden Finger einzeln rütteln, ziehen und drücken. Danach massieren sie noch einmal die gesamte Hand, bevor sie sich zum Schluss liebevoll von der Hand verabschieden. Die Handmassage unterstützt die Kinder dabei, sich ihrer Hände/Finger bewusst zu werden.
  Sie lernen zu tasten und zu spüren.
  Die Massage eignet sich zur Vorbereitung für alle Spiele, die Fingerspitzenspannung erfordern.

Lula Lullela, die Luftfee (1/10)

L

Die kleine Luftfee *Lula Lullela* wohnt in luftiger Höhe
in einem Luftschloss in Lappland. Der größte Teil
Lapplands liegt nördlich des Nördlichen Polarkreises.
Lappland ist ein Land mit tiefen Tälern.
Mit Gletschern und Bergen. Im flachen Teil Lapplands
liegen gewaltige Sumpflandschaften.
Es gibt geheimnisvolle Moore
und klare Seen mit vielen Inseln.
Aber in Lappland gibt es auch große dunkle Wälder
mit wilden Bären. Mit listigen Wölfen
und nicht zuletzt mit liebenswerten Rentieren.

In Lappland leben überwiegend Lappen.
An sich logisch.
Und natürlich unsere kleine Luftfee *Lula Lullela*.
Eigentlich kann man zu den Lappen
auch Samen sagen.
Aber wir bleiben mal bei Lappen.
„Die Lappen aus Lappland“ klingt ja auch viel lustiger.
Die Lappen sind ein kleines, lebenslustiges Völkchen,
das sein aufregendes Land liebt.

Lula Lullela lebt auch gerne in Lappland.
Natürlich auch wegen der guten Luft.
Die Luft ist sowieso ein lebenswichtiges Elixier
für *Lula Lullela*. Falls ihr das Wort „Elixier“ nicht kennt,
dann sollte ich es erklären.
Letztendlich kommt das Wort „Elixier“
aus Griechenland.
Viele liebe Gesellen, nicht nur aus der Märchenwelt,
halten es für einen Heiltrank.
Für einen Zaubertrank. Vielleicht für eine Limonade,
die Leben verlängern kann.

L

Lula Lullela, die Luftfee (2/10)

Wir wollen es mal so stehen lassen,
nur solltet ihr es wissen.
Natürlich liebt *Lula Lullela* als Luftfee
eine besonders gute Luft.
„Die Luft ist für die Lunge wie leckeres Essen
für den Magen", sagt *Lula* immer mit einem Lächeln.
Ein geheimnisvoller Satz. Lösen wir das Rätsel:
Die Luft, die du und alle holen,
ist die Lebensnahrung für unseren Körper.
Luft holen läuft automatisch ab, indem wir atmen.
In der Lunge kommt die Luft zuerst an.
Die Lunge filtert und leitet die Luft ganz toll
in unseren Körper hinein.
Damit wir uns auch noch wohl fühlen,
falls die Luft mal nicht so total lecker und sauber ist.
Dieses Problem löst dann unsere Lunge.
Luft kann man ja auch schmecken und riechen.
Auch du, nicht nur unsere kleine Luftfee *Lula Lullela*.

Waldluft oder Seeluft oder Landluft:
Da gibt es schon leichte Unterschiede.
Obwohl man über die Vorteile der Luft
auf einem Bauernhof geteilter Meinung sein kann.
Wer will, hält sich halt die Nase zu.
Allerdings ist die Luft in einer Großstadt
in der Regel schlechter. Es gibt so viele Luftgerüche:
Die Luft nach einem langen Regenschauer.
Die Luft nach kürzlich gemähtem Gras.
Die Luft vor dem ersten Schneefall.
Die Luft ist ein lebenswichtiges und kostbares Gut.
So, genug gelernt. Jetzt geht es los.
Hoffentlich bleibt euch bei dem, was ich jetzt erzähle,
nicht fast die Luft weg. Oder ihr löst euch in Luft auf.
Denn nun wird es langsam leicht spannend.

Lula Lullela, die Luftfee (3/10)

L

Es liegt schon lange was in der Luft in Lappland.
Lula Lullela lebt an sich bescheiden
von Luft und Liebe. Aber das ist ihr nicht entgangen.
Es ist was Unvorstellbares vorgefallen.
Und das Schlimme ist, es gibt keinen Zweifel:
In Lappland wird saubere Luft geklaut.
Das stellt euch mal lebhaft vor. Vornehme Leute
werden sagen, dass die Luft gestohlen wird.
Gestohlen oder geklaut. Egal wie.
Die Luft ist erst mal weg.

Lula Lullela hat einen schlimmen Verdacht.
Als Luftfee hat sie schon eine allgemeine Übersicht
über den Lapplandluftraum.
Und *Lula* muss nicht lange überlegen.
Denn *Lula Lullela* weiß, dass es im Lapplandluftraum
einen Luftpiraten geben soll. Tatsächlich soll es
im Land der guten Luft einen Luftpiraten geben.
Selbst in die luftigen Höhen ihres Luftschlosses
ist der gefährlich klingende Name des Piraten
schon längst vorgedrungen.
Schwalben haben da geholfen.
Sie haben ihre Mitteilungen
in die luftigen Höhen des Luftschlosses
elfengleich leicht empor geschwungen.

So eine Elfe hat schon Einfluss. Selbst auf Schwalben.
Ich weiß jetzt nicht genau, wie ich mir den Einfluss
auf das weitere fliegende Personal
zum Beispiel bei der Lufthansa ausmalen soll.
Aber für Schwalben gilt das.
Schwalben sind elfenleicht von *Lula* zu lenken.

L

Lula Lullela, die Luftfee (4/10)

Der Luftlachs *Lukret Labersam* soll wohl
der Luftpirat sein. Er soll ein lausiger Luftlump sein,
der seine kriminelle Leidenschaft in Lappland auslebt.
Und nicht nur von Fall zu Fall. Sondern prinzipiell.
Das heißt im Allgemeinen: immer.
Luftalarm! Luftalarm in Lappland.

Und die weiblichen Libellen liegen schon flach
auf dem Lapplandboden und schnappen nach Luft.
Lula Lullela muss schnellstens eingreifen
und sich eine List einfallen lassen.
Rasant verlässt sie ihr Luftschloss,
um an den Lapplandinseln den Libellen
erst mal wieder frische Luft einzuhauchen.
Das gelingt auch ohne Probleme.
Dann wird eilig durch ihre Schwalben
die Luftschlangenpatrouille alarmiert.
Eine Patrouille ist eine Gruppe, die Kontrolle läuft.
Die gelegentlich prüft. Die kontrolliert.
In unserem Fall, bei der kleinen Luftfee *Lula Lullela*,
ist es natürlich eine Luftschlangengruppe.
Luftschlangen, die Kontrolle fliegen. Sie kontrollieren,
ob die Luft schlecht ist oder ob Luft gestohlen wird.
Dafür sind die Luftschlangen verantwortlich.
Zumindest in *Lulas* Lappland.
Wenn das mal überall so wäre.
Die Luftschlangen von *Lula* sind ziemlich locker drauf
und singen erst mal ein Lied:

Luftschlangen sind listig – Luftschlangen sind lustig.
Luftschlangen sind lautlos und gnadenlos famos.
Luftschlangen sind grell in den Farben
und im Handeln schnell.
Luftschlangen machen keinen Knall beim Karneval.
Wir sind die Luftpolizei
und kämpfen gegen das böse Allerlei.
Wir sind schnell und lösen jeden Fall auf jeden Fall.

L

Lula Lullela, die Luftfee (6/10)

Nun geht es los. Die Luftschlangen trällern ihr Lied
und *Lula Lullela* will nun erst mal unverzüglich
einen genialen Plan entwickeln.

Luftfeen leben dafür, die Luft mit Lachen zu erfüllen
und Launen der Natur auszubügeln.
Hoffentlich läuft das immer so weiter.
Denn wie schon erzählt,
ist die Luft ein lebenswichtiges und kostbares Gut.

Lula denkt leicht nach.
Lukret Labersam, der Luftlachs,
soll über die Möglichkeit verfügen,
die saubere Luft aus Lappland
in Luftballons abzufüllen.
Und zu klauen. Mit Hilfe einer
dafür lange ausgebildeten Luftlachstruppe.
Und mit Hilfe einer lebenden, lebenslustigen,
blauen, fliegenden Leichtluftpumpe aus Luxemburg.
Die damit locker ihren Lebensunterhalt verdient.
Es kann aber auch Holland oder auch Belgien sein.
Irgendeins der lockeren Länder.
Der Name des Landes ist so wichtig nicht.
Dann sollen die aufgefüllten Ballons
der launigen Nacht überlassen werden.
Natürlich nur, wenn der Wind in die Himmelsrichtung
des kaufenden Landes weht.
Dann werden die prall gefüllten Luftballons
im Empfängerland abgefangen.
Denn *Labersam* klaut nur Luft,
wenn er viel Geld dafür rausschlagen kann.

Lula Lullela, die Luftfee (7/10)

Lula kennt schon lange den geheimnisvollen Plan
des Luftpiraten *Lukret Labersam.*
„So ein Plan kann nur in den dunklen Nächten laufen.
Denn am hellen Tag würden es zu viele Leute sehen“,
denkt *Lula*. Diese Nacht soll wohl wieder
so eine lohnende Luftübernahme
der guten Luft werden. Nun gut.
Lula Lullela ist vorbereitet.
Da ja wohl alles im Dunkeln ablaufen soll,
hat sie vorsorglich ihre Leuchtkäfertruppe
(zusätzlich zu den Libellen) alarmiert.
Leuchtkäfer leuchten im Einsatz.
Libellen stechen selten Menschen.
Aber alle sind absolut aufgeregt.
Sie wollen den Luftlachs *Lukret Labersam* reinlegen.
Die laue Nacht ist ziemlich dunkel und launisch.
Die Leuchtkäfer sind in Stellung
– die Libellen sind in Stellung.
Lula Lullela wartet nur.
Alle warten in einem tiefen dunklen Tal.

Lukret Labersam will wieder einen Luftdiebstahl
mit guter Luft durchführen lassen.
Das Dunkle wird nicht heller,
dadurch dass alle sehr angespannt sind.
Und in diesem tiefen Tal von Lappland erwartungsvoll
leiden und lauern. Doch ziemlich schnell steigen
die ersten Luftballons mit gestohlener Luft auf.
Lula Lullela sagt nur: „Leuchtkäfer an!“
Alles ist sofort hell erleuchtet. Das ganze Tal.
Lula Lullela sagt: „Libellen bitte!“
Die Libellen kreisen wie Luftmaschinen
über den Luftballons und halten sie locker in Schach.
Fast wie Hubschrauber.

L

Lula Lullela, die Luftfee (8/10)

Und dann fliegen wie selbstverständlich
die alarmierten Luftschlangen ein.
Die sind clever und kommen natürlich
in der letzten Minute.
Lula Lullela ruft ziemlich aufgeregt:
„In den Luftballons ist die gestohlene Luft
aus Lappland. Holt sie euch.“
Und die Luftschlangen holen Luft
und sie steigen in den Himmel.
Als die Luftschlagen aufsteigen,
wird *Lula Lullelas* Plan völlig klar:
Sie hat natürlich vorher heimlich die Libellen gebeten,
ihre Stachel mal kurz den Luftschlangen zu leihen.
So steigt eine grelle und schrille Patrouille
von Luftschlangen in die Luft,
die alle einen gefährlichen Stachel haben.
Mit so einem leicht genialen Plan
konnte *Lukret Labersam* zum Glück nicht rechnen.
Die Leuchtkäfer legen Licht im ganzen Tal
und die Libellen halten die prallen Luftballons
von oben locker und leicht im ganzen Tal fest.

Von unten fliegen die Luftschlangen an
und stechen mit ihren geliehenen Stacheln
in die Ballons.
„Puff, puff, puff, lasst uns unsere Luft.“
Mit diesem Ausruf sollen die Luftschlangen
die geliehenen Stacheln der Libellen
eingesetzt haben.
Natürlich ist alles gut ausgefallen.

L

Lula Lullela, die Luftfee (10/10)

Nachdem alle Luftballons geplatzt sind
und die gute Luft wirklich
wieder langsam in Lappland landet,
soll ein ganz tolles Fest geplant sein.
Die grellen und lustigen Luftschlangen
werden wohl wieder ihr Lied singen:

Luftschlangen sind listig – Luftschlangen sind lustig.
Luftschlangen sind lautlos und gnadenlos famos.
Luftschlangen sind grell in den Farben
und im Handeln schnell.
Luftschlangen machen keinen Knall beim Karneval.
Wir sind die Luftpolizei
und kämpfen gegen das böse Allerlei.
Wir sind schnell und lösen jeden Fall auf jeden Fall.

So ist die Geschichte fast zu Ende.
Nun habe ich euch fast alles erzählt.
Lukret Labersam lässt Lappland seitdem links liegen.
Aber es gibt viele Luftpiraten.
Ihr Kinder müsst auf eure Luft aufpassen.
Viele wollen sie klauen
oder einfach nur schmutzig machen.
Weil sie nicht an euch denken!
Passt gut auf! Sie gehört auch euch!

Die Luftschlangen helfen Lula Lullela

L

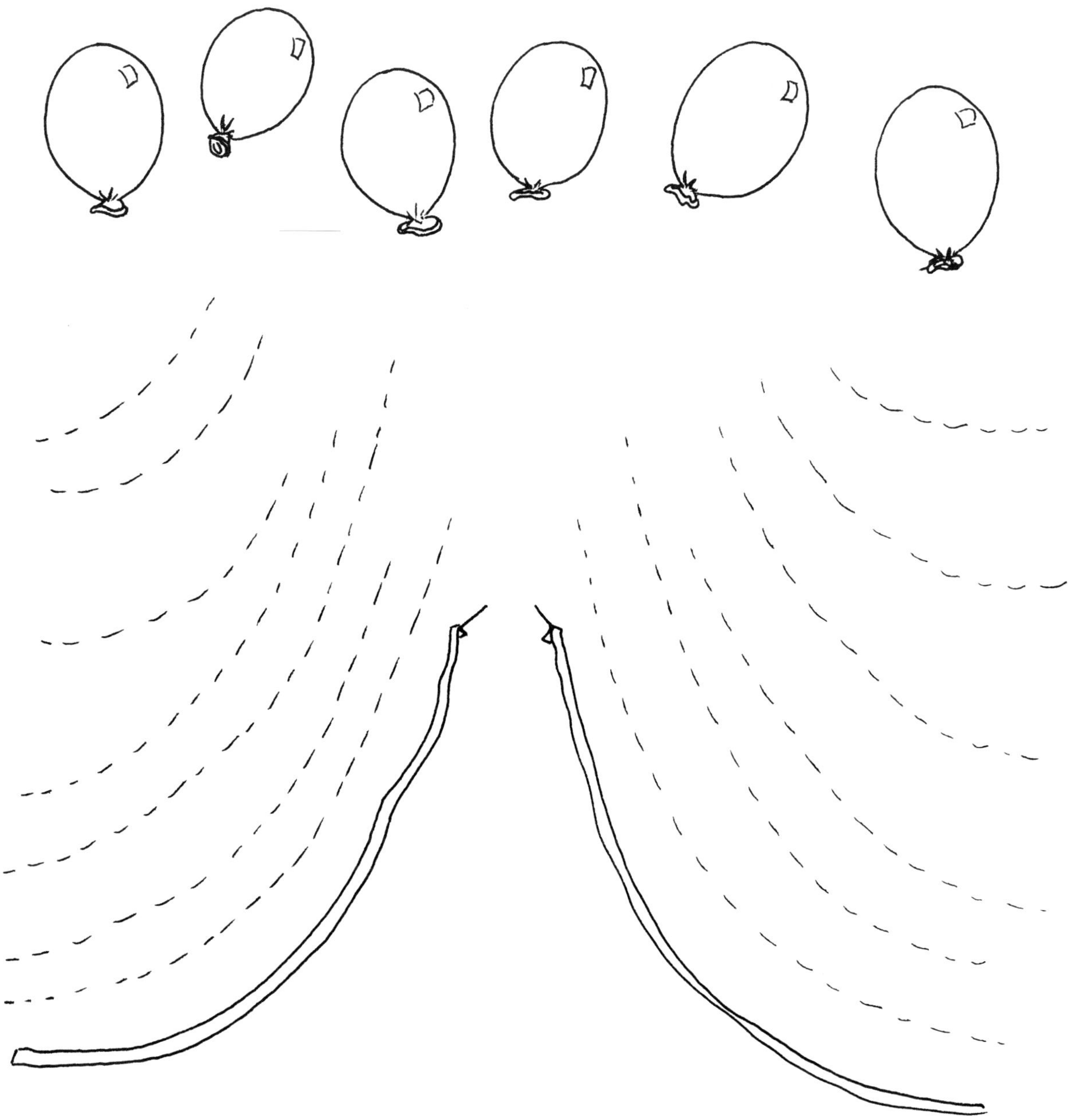

Nimm in jede Hand einen bunten Stift.
Male mit beiden Händen zur gleichen Zeit
Luftschlangen von unten nach oben.
Male so viele Luftschlangen, dass die Luftballons
oben in der Luft gehalten werden können.

Male dann einen Stachel an jede Luftschlange.
Zerstich mit diesen Stacheln die Luftballons
und sprich dabei das Wort *„los“*.

L Lukret Labersam lässt den Luftballon ganz dick werden

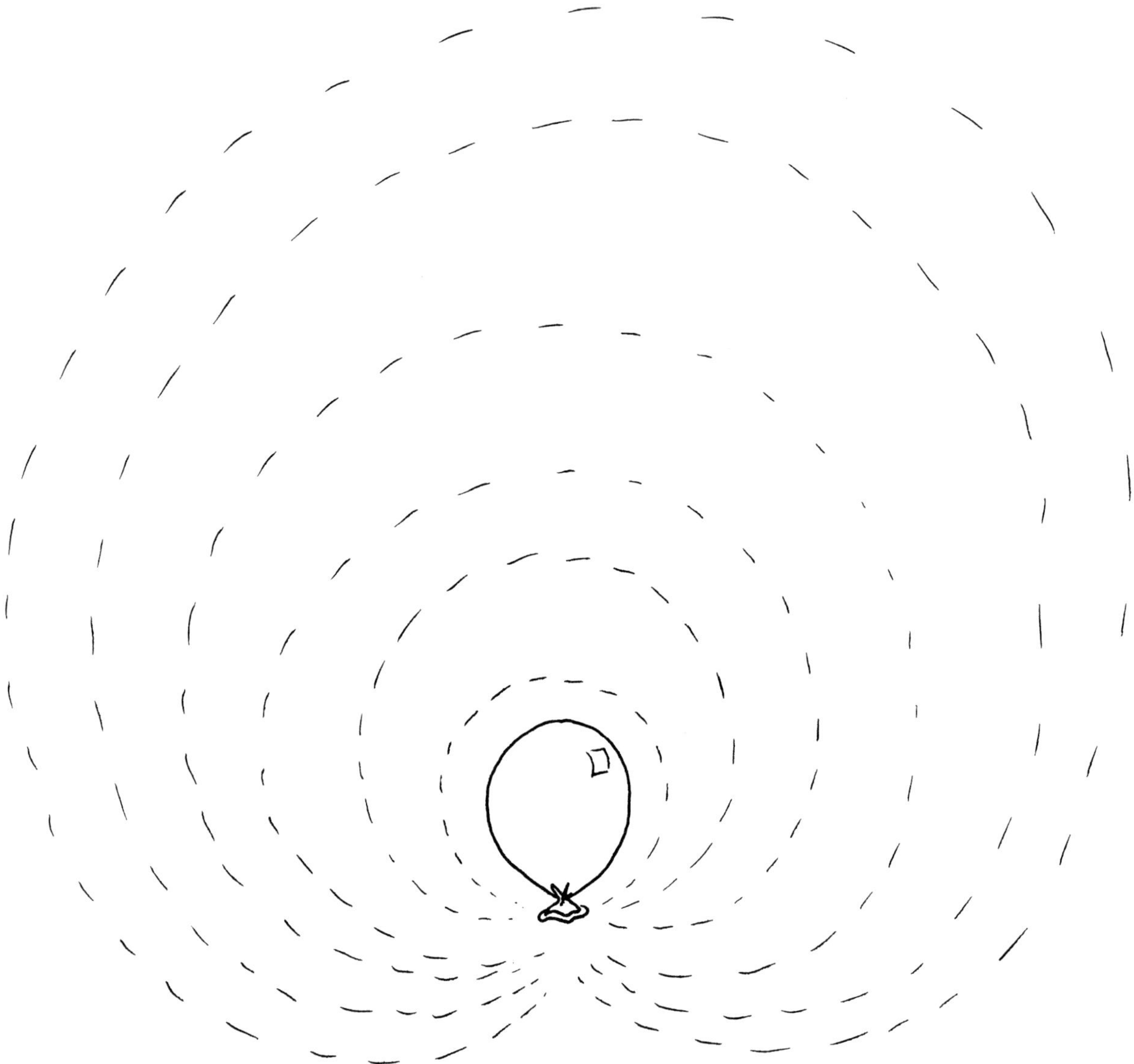

Lass wie Lukret Labersam den Luftballon ganz dick werden. Male dazu mit einem Schwung den Luftballon immer größer.
Male solange, bis du glaubst, dass ein echter Ballon fast platzen würde. Sprich dazu das Wort *„Luft“* – dann fällt dir das Malen sicherlich leichter.

Nanu, der Nasenbär, im Niemals-Nein-Land (1/10)

N

Natürlich leben Nasenbären wie *Nanu*
normalerweise in Südamerika.
Oder in Mexiko.
Höchstwahrscheinlich wisst ihr das noch nicht.
Das ist aber auch nicht schlimm.
Es ist nicht nötig, alles zu wissen.
Kinder sind ja von Natur aus zum Glück sehr neugierig.
Und sie können sehr schnell etwas Neues lernen.
Nicht nur aus der Kinderwelt.
Sondern auch von Erwachsenen.
Aus der Natur.
Aus Märchen und aus Fabeln.

Nun – unser Nasenbär lebt im Niemals-Nein-Land.
Und nicht nur nebenbei erwähnt:
Die Nase von *Nanu* im Niemals-Nein-Land
genießt großes Ansehen.
Nasenbären haben ja bekanntlich
große und lange Nasen.
An denen kann niemand so schnell vorbeischauen.
Manche sind neidisch. Manche sind gönnerisch.
Aber vorbeischauen kann so schnell niemand.
Das könnt ihr mir glauben.

Nanu, der Nasenbär, wohnt schon lange
im Niemals-Nein-Land. So wie ich euch kenne,
möchtet ihr nun endlich wissen, wann und wo
man das Land besuchen kann. Und wo es sich
genau befindet. Das ist nicht ganz so einfach.
An sonnigen Tagen ist es beinah nie zu sehen.
An sich kann es nur in nächtlichen Träumen
erscheinen. Dann allerdings könnte es direkt
neben dem Niemals-Ja-Land liegen.
Nun, eigentlich kennt niemand den genauen Standort.

N

Nanu, der Nasenbär, im Niemals-Nein-Land (2/10)

Mag sein, dass eine Biene sich einen unnötigen
nächtlichen Ausflug gegönnt hat. In irgendeiner Nacht.
Bei dem Flug durch den Zaubergarten.
Oder ein Nachtfalter. Der nennt die Nacht
ja sowieso sein eigen. Vielleicht war ihnen schon mal
ein kurzer Besuch gegönnt. Im Niemals-Nein-Land.
Dann und wann. Das kann schon sein.
Aber im Niemals-Nein-Land
bringt das niemanden in Unruhe oder Not.
Niemals-Nein-Land-Bewohner sind
neugierige Besucher gewohnt. Von Zeit zu Zeit.
Denn nun müsst ihr wissen, dass man
im Niemals-Nein-Land niemals „Nein“ sagen kann.
Anstatt „Nein“ sagt man im Niemals-Nein-Land
„Niemals-nicht-nie-und-nimmer“.
Da kann man sich vorstellen, dass in diesem Land
schon manch einer „Ja“ sagen möchte.
Obwohl er „Nein“ meint. Nicht wahr?
Bei so einer langen Nein-Antwort.

Jetzt wird es spannend. Eines Nachts …
in irgendeinem ganz nachdrücklichen Traum
eines Kindes nähert sich eine Nudel
dem Niemals-Nein-Land.
Es könnte natürlich durchaus ein Freund
oder eine Freundin von euch sein, die da träumt.
Denn Nudeln essen wir ja alle gerne.
Da sind wir uns einig. Besonders beim Italiener.

Jedenfalls befindet sich eines Nachts
nackt und nass eine Nudel vor dem Eingang
des Niemals-Nein-Landes.
Sie bittet um Einlass.
Wahrscheinlich ist sie unmittelbar
aus einem Kochtopf entflohen.

Nanu, der Nasenbär, im Niemals-Nein-Land (3/10)

N

Natürlich achtet man auch in nächtlichen Traumwelten
darauf, dass niemand unbefugt näher treten kann.
Insbesondere in der Niemals-Nein-Land-Welt.

Dafür gibt es einen Nachtwächter
im Niemals-Nein-Land.
Nun ist dieser Nachtwächter nicht mehr der Jüngste.
Er macht auch schon gerne mal ein Nickerchen.
Vor allen Dingen, wenn die Sterne
schon am Himmel stehen.
Und der Mann im Mond mit der Beleuchtung
der Erde begonnen hat.
Natürlich nur bei Neumond. An anderen Tagen
ist er immer auf dem Posten, der Nachtwächter.
So sagt man.
So sagt es vor allen Dingen der Nachtwächter.
Wir wollen nicht meckern. Selbst *Nanu*,
der Nasenbär aus dem Niemals-Nein-Land,
ist mit dem Nachtwächter befreundet.

Nun zurück zu unserem nächtlichen Ereignis:
Die nackte und nasse Nudel steht vor dem Eingang
des Niemals-Nein-Landes. Sie ist nicht unbegabt.
Denn sie sagt zum Nachtwächter der Traumwelt:
„Ich bin eine Nudel aus dem Norden.
Man nennt mich *Narilla*. Im Norden ist es oft nebelig.
Nass und feucht. Ich fühle mich nicht selten falsch
angemacht. Darf ich bitten, eintreten zu dürfen?“
Der Nachtwächter des Niemals-Nein-Landes
ist ein wenig nörgelig.
Aber er kann ja nicht „Nein“ sagen.
Er sagt deswegen: „Niemals-nicht-nie-und-nimmer.“
In dieser Zeit ist die Nudel schon längst
über die Grenze des Niemals-Nein-Traum-Landes
verschwunden. Sie meint es ja nicht böse.

N

Nanu, der Nasenbär, im Niemals-Nein-Land (4/10)

Die Nudel aus dem Norden.
Sie möchte nur einen Feinschmecker
mit einer guten Nase kennen lernen.
Denn wer gut riechen kann,
der kann meistens auch gut abschmecken.
Er wird dazu neigen, namhafte Nudeln
nur mit namhaftem Sonnenblumenöl anzurichten.

Es könnte jetzt natürlich zu langen Verfolgungen
kommen. Aber der Nachtwächter
aus dem Niemals-Nein-Land ist innerlich ruhig.
Genau auf unvorhergesehene Pannen eingestellt.
Denn er weiß genau: Wenn die Sonne wieder aufgeht,
dann ist auch die Nudel *Narilla* aus dem Norden
wieder aus der Traum-Welt erwacht.
Und aus dem Niemals-Nein-Land verschwunden.
Natürlich muss man ihr jetzt erst mal helfen.

Den Nachtwächter nennt man unter Freunden
mit Namen *Nönö*. Nur so nebenbei erwähnt.
Der etwas nörgelige Nachtwächter *Nönö*
macht gute Miene zum launigen Spiel der Nacht.
Er gähnt ein wenig. Aber er trifft
die richtige Entscheidung:
In einer Nacht- und Nebel-Aktion lässt *Nönö*
durch die Nachteule *Nienie* den Nasenbär *Nanu*
nachhaltig wecken. Minutenlang.
Fast eine halbe Stunde lang.
Man kann den Ruf der Nachteule in der Traumwelt
des Niemals-Nein-Landes hören:
„*Nanu*, *Nanu* – *Nanu*, *Nanu* – *Nanu*, *Nanu*
– wann wirst du endlich wach?“ Denn *Nanu*
verfügt ja bekanntlich über eine sehr gute Nase.
Aber anscheinend genauso über einen guten Schlaf.

Nanu, der Nasenbär, im Niemals-Nein-Land (6/10)

Irgendwann schlägt natürlich auch *Nanu*
die Augen auf:

Wer nennt meinen Namen in dieser späten Nacht?
Welcher Narr hat mich aus dem Schlaf gebracht?
Wer spannt meine Nerven an, weit nach Mitternacht?
Es kann nur die Nachteule oder Nönö sein.
Und beiden kann ich nicht böse sein.
Denn Nasenbären sind nie gemein.

m Niemals-Nein-Land neigt man nicht dazu,
nachtragend zu sein. Wie ihr euch denken könnt,
ist *Nanu*, der Nasenbär, nach nicht langer Zeit
durch das Heulen der Nachteule aufgewacht.
„Es handelt sich um einen Notfall",
sagt die Nachteule *Nienie*.
„Eine nackte und nasse Nudel aus dem Norden
ist bei *Nönö* über die Grenze in die Traumwelt
des Niemals-Nein-Landes eingedrungen. Sie ist wohl
aus einem Kochtopf oder einer Pfanne entflohen.
Sie nennt sich *Narilla*. Nackt, ganz ohne Saucen.
Sie fühlt sich hilflos und falsch angemacht.
Du könntest doch deine erstaunliche Nase einsetzen.
Und deine bekannten Geschmacksnerven.
Die sonst niemand hat. Kannst du uns bitte helfen?"

Nanu gähnt noch mal genießerisch
und antwortet dann: „Natürlich helfe ich gerne.
Wo ist denn diese arme Nudel?
Wie ist noch mal ihr Name: *Narilla*?"
„Ja, *Narilla*", sagt die Nachteule *Nienie*.
„Der nörgelige Nachtwächter *Nönö* hat sie kurz
hinter der Grenze ins Niemals-Nein-Land gefunden.
Er hat sie in mein Nest gebracht.

Nanu, der Nasenbär, im Niemals-Nein-Land (7/10)

N

Damit sie sich ein wenig aufwärmen kann.
Komm *Nanu*, du alter Nasenbär …
Ich bringe dich dahin.“
„Nun tu nicht so, als wenn ich den Weg zu deinem Nest
nicht kennen würde“, schmunzelt *Nanu*,
und schon machen sich die beiden auf den Weg.

In den nebeligen Nächten
des Niemals-Nein-Traum-Landes
scheinen Entfernungen nie sehr lang zu sein.
Denn schon nach wenigen Augenblicken
sind *Nienie* und *Nanu*
an dem Nest der Nachteule angelangt.
Die junge Nudel *Narilla* freut sich sehr
über das Eintreffen von *Nanu*, dem Nasenbär.
„Nur keine Panik“, meint *Nanu*,
„wir werden das Kind schon schaukeln.“
Mit anderen Worten könnte man auch sagen:
Bleib ganz entspannt, wir werden dir schon helfen.
Nachdem *Nanu* nur ganz kurz
an der Nudel *Narilla* gerochen hat,
erkennt er sehr schnell die nötige Lösung.
Denn *Nanu* ist ja auch ein Feinschmecker.
„Na, klar“, sagt *Nanu*, „so nette und niedliche Nudeln
wie *Narilla* sollten nur mit pflanzlichen Fetten
angebraten werden. Das gilt natürlich auch
für alle anderen Nudeln und Gerichte.

Pflanzliche Fette oder Öle kommen
aus der Pflanzenwelt. So sagt der Name ja schon.
Zum Beispiel das Sonnenblumenöl
von den Sonnenblumen.
Oder das Olivenöl von den Oliven.

N

Nanu, der Nasenbär, im Niemals-Nein-Land (8/10)

Nanu, der Nasenbär, im Niemals-Nein-Land (9/10)

N

In der Menschenwelt werden diese Fette auch ‚ungesättigte Fette' genannt. Die sind noch ziemlich gesund. Nur – *Narilla* ist wohl mit einem tierischen Fett angemacht worden. Zum Beispiel mit Butter. Butter ist manchmal auch ganz schön lecker. Nur wissen wir, Butter wird aus Milch gemacht. Und die Milch kommt von den Kühen. Eine Kuh ist ein Tier. Also ein tierisches Fett. Das ist an sich auf die Dauer nicht mehr ganz so gesund. In der Menschenwelt werden tierische Fette ‚gesättigte Fette' genannt. Und diese tierischen Fette konnte *Narilla* wohl nicht vertragen. Denn die sind ein wenig ungesund."

Ganz schön anstrengend diese Geschichten über Fette. Nicht wahr? Das meint *Nanu* auch. Aber wenn ihr noch Fragen habt, dann werden euch die Eltern bestimmt ein bisschen helfen.

Nanu gähnt wieder so genießerisch. Aber er grinst auch ein wenig. Denn er meint noch einen Tipp abgeben zu müssen. Für die Kinder, die gerade nicht in der Niemals-Nein-Welt träumen: Also. Besser nicht so viel Pommes essen. Denn zu viel Fett – gesättigt oder ungesättigt – ist sowieso ungesund. *Nanu* nennt noch mal die Hauptregel: Fette oder Öle aus Pflanzen sind gesünder. Also Sonnenblumenöl oder Olivenöl und so weiter.

N Nanu, der Nasenbär, im Niemals-Nein-Land (10/10)

Dann wird er auch schon wieder
von *Nienie*, der Nachteule, gerufen:
„*Nanu*, *Nanu*, nun komm schon.
Du konntest *Narilla* doch gut helfen.
Die Menschen werden es vielleicht von nun an
auf alle Nudelverpackungen schreiben:
‚Bitte nur pflanzliche Fette benutzen.'
Jetzt müssen wir aber ganz schnell *Narilla*
zur Grenze des Niemals-Nein-Traum-Landes bringen.
Die Nacht neigt sich dem Ende zu.
Der nörgelige Nachtwächter *Nönö* wartet schon."
Ganz rasant brechen sie in Richtung Grenze auf.
Nanu kann sich kaum noch in Ruhe
von *Narilla* verabschieden.
Denn *Nönö* mahnt zur Eile.

„Tomatensauce, viele verschiedene Tomatensaucen
passen auch zu Nudeln!", ruft *Nanu* noch grinsend.
Dann geht die Sonne auf
und alle Traumwelten der Nacht verschwinden.
Natürlich nicht für immer.
Nur so lange, bis du wieder träumst. Keine Angst!
Der Nachtwächter *Nönö* passt auf dich auf.

Nanu hat eine Idee, um den Nudeln zu helfen

N

Auch du kannst den Nudeln helfen. Male zuerst die nackten Nudeln nach. Überlege dir dann verschiedene Saucen, die du zu den Nudeln essen könntest. Male die Saucen mit verschiedenen Farben in die Behälter.

Vielleicht hast du Lust, zu Hause selbst einmal Nudeln zu kochen. Bevor du die Sauce auf die Nudeln gibst, kannst du die nackten, nassen Nudeln mit spitzen Lippen und mit Hilfe der Zungenspitze in den Mund saugen. Das macht ganz viel Spaß.

N

Im Niemals-Nein-Land wird niemals „Nein“ gesagt

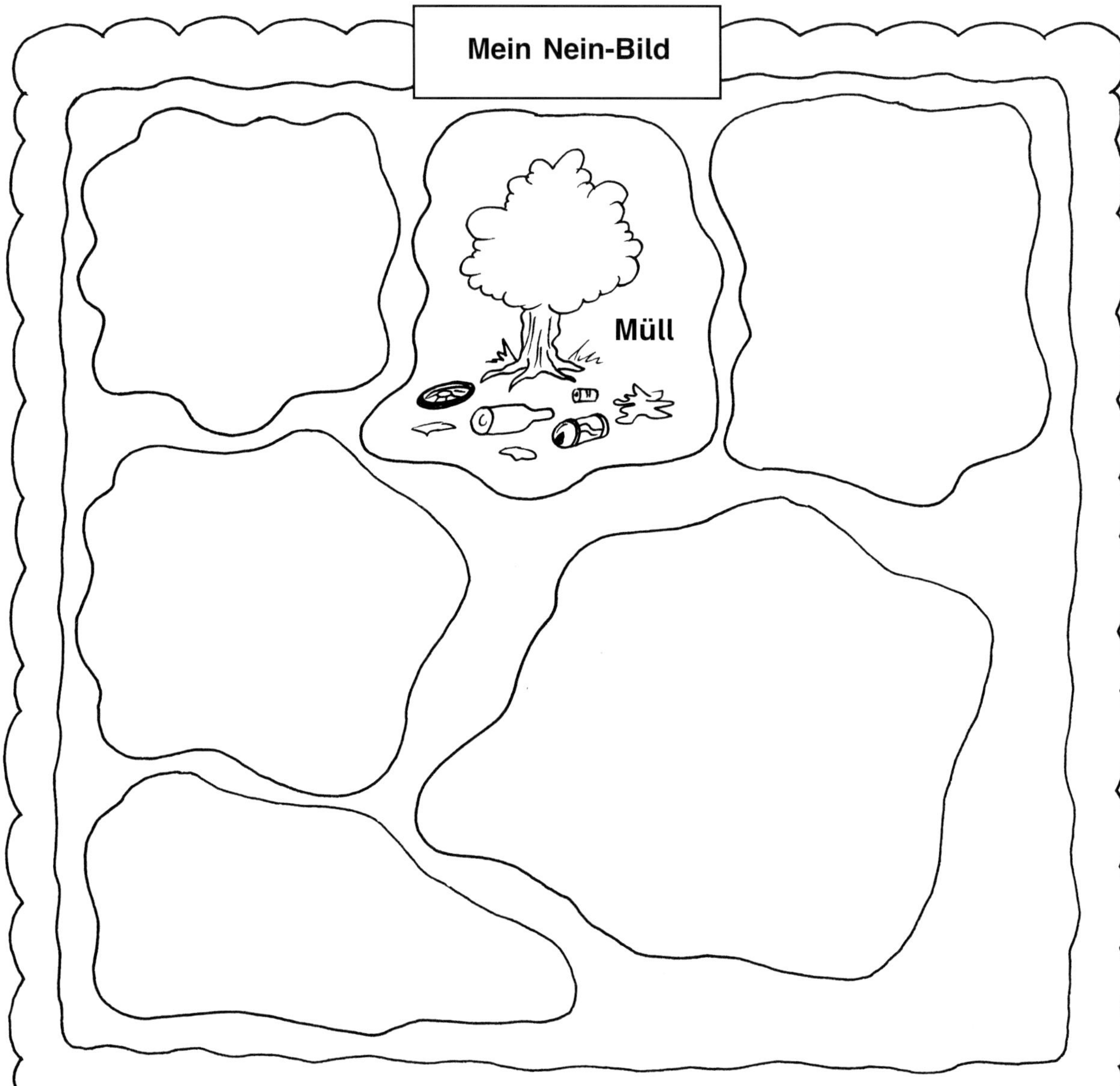

Überlege dir, wann es wichtig ist, „Nein“ zu sagen. Male dazu ein „Nein-Bild“. Als Beispiel ist hier schon ein Bild in eine Traumblase gemalt.

Informationen zu den Lauten *l* und *n*

Wie werden die Laute gebildet?

Beide Laute werden weich und fließend gebildet. Die Zungenspitze hebt sich leicht an den Zahndamm hinter den oberen Schneidezähnen. Sie liegt nicht an den Zähnen.

Der Unterschied zwischen *l* und *n* besteht darin, dass die Zunge beim *l* etwas spitzer den Mundraum abschließt. Die Luft entweicht mit Stimme durch den Mund. Beim *n* legt sich die Zunge dagegen etwas breiter an den Ruheplatz (siehe S. 142). Die Luft entweicht mit Stimme durch den Nasenraum, dabei bleibt das Gaumensegel gesenkt.

Voraussetzungen

Wie bei den Zusatzinformationen zum Ruheplatz der Zunge beschrieben (siehe S. 142):

- Nutzspannung und freie Beweglichkeit der Zungenspitze: Manchmal verhindert ein sehr kurzes Zungenband die optimale Bewegungsfreiheit der Zungenspitze. Diese Möglichkeit sollte abgeklärt werden.
- insbesondere beim Laut *n* eine freie Nasenatmung, da der Laut sonst geschlossen genäselt klingt
- ein intaktes Gaumensegel
- Zwerchfellspannung

Bewegungsunterstützung bei der Bildung der Laute *l* und *n*:

- große, weiche, fließende Bewegungen machen
- mit beiden Handflächen von unten nach oben weisen, als wollten sie Wasser schöpfen
- sich in den Fersensitz begeben

Unterstützende Übungen und Spiele

1. **Zungenmotorik-Spiele (bei schlaff wirkender Zungenspitze)**
   - Brause oder Esspapier vom Ruheplatz der Zunge (siehe S. 142) ablecken
   - Vögelchen spielen: mit spitzer Zunge und weit offenem Mund Krümel mit der Zungenspitze aufnehmen
   - Spiele wählen, die bei den Lauten *t* und *d* aufgeführt sind (S. 115/116)

2. **Spiele im Raum zum Aufbau der Zungen-Nutzspannung**
   - Propeller oder Mühle spielen: mit den Armen Kreise in der Luft beschreiben
   - Keulen schwingen und dabei auf *„la, la …“* singen
   - Seiltänzerin spielen: auf einem liegenden Seil balancieren

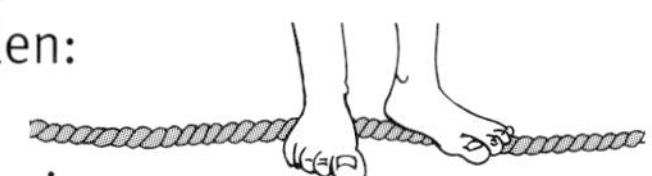

   - einen Ball prellen, dabei auf den Zehenspitzen stehen
   - Wäscheklammern von der Leine nehmen: Die Kinder stehen auf Zehenspitzen und ziehen die Wäscheklammern mit spitzen Fingern ab. Wer nach einer bestimmten Zeit die meisten Wäscheklammern hat, gewinnt.

3. **Wurfspiele, die mit „los“ angefeuert werden**
   - Kegeln, Boccia, Ballrollen …
   - eine Kugel in einem Reifen rollen als Wettspiel oder als gemeinsames Spiel mit Karten: Während sich die Kugel bewegt, bilden die Kinder den Laut *l*. Rund um den Reifen liegen Karten mit Bildern darauf (nach Möglichkeit von Gegenständen, die mit *l*/*n* beginnen).

Informationen zu den Lauten *l* und *n*

Wenn die Kugel stoppt, erklärt ein Spieler den Gegenstand, der auf der nächstliegenden Karte abgebildet ist. Die anderen müssen diesen erraten.

4. Sprech- und Stimmspiele

- lustige Fragen stellen (am besten macht dies ein Erwachsener), die die Kinder mit Ja oder Nein beantworten müssen
- „Ich sehe was, das du nicht siehst" spielen, dabei immer mit Ja oder Nein antworten
- „Koffer packen" spielen, dabei Fragen stellen wie „Brauchen wir das?"
- bekannte Kinderlieder mit *„la, la, la ..."* oder mit *„nein, nein, nein ..."* singen

Zusatzinformationen zu den Lauten *l* und *n*

Beide Laute eignen sich auf besondere Weise, um den sogenannten „Ruheplatz" der Zunge zu trainieren. Wir nennen den Platz auch – je nach Alter des Kindes – „Bett" oder „Schlafplatz" der Zunge.

Was ist mit „Ruheplatz" der Zunge gemeint? Die Zunge sollte in Ruhe am oberen Zahndamm – hinter den oberen Schneidezähnen – liegen. Dabei sind die Lippen geschlossen. In Ruhe heißt, wenn wir nicht essen, trinken oder sprechen, denn dabei bewegt sich die Zunge ja. Nachts sollte sie auch am Ruheplatz liegen.

Voraussetzungen zur Zungenruhelage

- eine freie Nasenatmung: Wenn ein Kind durch den Mund atmet, legt sich die Zunge nach unten. Die Zunge kann dann nicht am Ruheplatz gehalten werden. Es ist in solchen Fällen immer eine Untersuchung durch den Hals-Nasen-Ohren-Arzt angezeigt, um herauszufinden, warum das Kind durch den Mund atmet.
- Nutzspannung in der Zungenspitze (s. u.), damit sich diese nach oben bewegen kann
- die Fähigkeit, im Mundraum oben und unten wahrnehmen zu können

Häufige Fehlhaltung der Zunge

Sehr häufig finden wir bei Kindern einen inkonstanten Mundschluss, wobei die Zunge sich zwischen den Zähnen, manchmal sogar zwischen den Lippen, befindet. Die schlaffe Zungenmuskulatur geht in solchen Fällen oft mit einer allgemein schwachen Nutzspannung im Körper einher. Auffällig ist, wenn die Kinder unbeobachtet mit hängenden Schultern dasitzen und dabei den Mund geöffnet haben. Diese Körper- und Zungenfehlhaltung kann auch zu Zahnfehlstellungen führen. Bei manchen Kindern finden wir vorne einen offenen Biss, d.h. es findet sich im vorderen Bereich der Zähne eine Lücke. Durch diese kann die Zunge beim Schlucken und Sprechen treten. Wenn Sie eine entsprechende Fehlhaltung oder Fehlstellung beobachten, ist es ratsam, mit einem Zahnarzt die Vorstellung bei einem Kieferorthopäden zu besprechen.

Reime zu den Geschichten (1/4)

R

Rhabarber, Rhabarber, Rhabarberblätter
– wir rupfen und reißen bei jedem Wetter.
Rhabarber, Rhabarber, Rhabarberraben
rufen ratlos nach Ruhetagen:
„Rar, rar, rar, rar!“

F

Flusspferde fliegen den Vögeln voraus.
Ein Fisch pfeift auf Fingern für den Applaus.
Ein Pfau fängt im Federkleid
den Frühling in der Früh.
Viel Vergnügen mit deiner Fantasie!

W

Wale wechseln wenig Worte,
Wale wechseln oft die Orte,
Wale wandern unter Wasser,
ein richtiger Wal ist ein nasser.

Reime zu den Geschichten (2/4)

K

Keiner kennt die Kamera so gut wie Cicki Okeka.
Keiner guckt auf Fotos so wie das Känguru Kao.
Das Knipsen ist ein Kinderspiel,
jetzt knipsen wir das Krokodil.
Dann kommt auch noch der Kakadu,
den knipst am besten du.

G

Ganz gleich, wie groß du als Giraffe geworden bist;
Ganz gleich, wie klein du als Grille geraten bist;
Ganz egal, ob du grün, gelb oder eine graue Dogge bist;
Ganz egal, ob du galant, gewandt,
gerissen und charmant bist
– also genau genommen nur ein Mensch bist:
Wichtig ist, dass du keinen Freund vergisst.

CH

Ich trau' mich nicht ans Tageslicht,
vor'm Sonnenlicht, da fürcht' ich mich.
Ich bleibe hier im Dämmerlicht,
denn ich bin ein Zwielichtwicht.

Reime zu den Geschichten (3/4)

Die Schaukel schwankt wie ein Schiff,
doch richtig schwimmen kann sie nicht,
sie schwingt von da – rasch nach dort,
doch steht sie stets an einem Ort.
Ich schaukele schnell – ich schaukele forsch.
Ich bin der Schiffschaukel-Schorsch!

Supersahne-Schokoladen-Torte!
Ich stehe auf Süßes – mag jede Sorte.
Süße Sachen rauben mir den Verstand.
Gestatten: Sarah, mit Sitz im Sauerland.

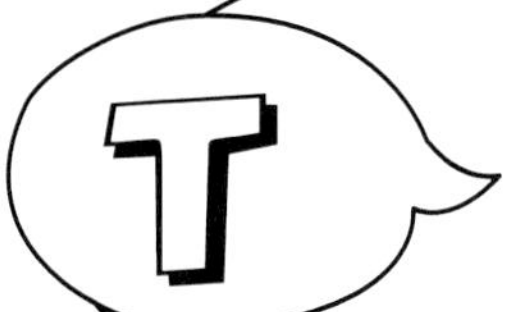

Ich mache aus der „Mutter“ eine „Butter“
und aus dem „Futter“ einen „Kutter“
und aus dem „Fisch“ einen „Tisch“
und aus dem „Tor“ einen „Chor“.
Ich bin der Tippteufel Theodor!

Reime zu den Geschichten (4/4)

D

Dauernd donnern die Drachen durch das Drachental,
durchs Dickicht in der Dämmerung
ist das gnadenlos genial.
Dumm, bumm, dubederum!
Denn durch die Dunkelheit der Drachennacht
werden Geschichten erst gemacht.
Dumm, bumm, dubederum!

L

Luftschlangen sind listig –
Luftschlangen sind lustig.
Luftschlangen sind lautlos und gnadenlos famos.
Luftschlangen sind grell in den Farben
und im Handeln schnell.
Luftschlangen machen keinen Knall beim Karneval.
Wir sind die Luftpolizei und kämpfen gegen das böse Allerlei.
Wir sind schnell und lösen jeden Fall auf jeden Fall.

N

Wer nennt meinen Namen in dieser späten Nacht?
Welcher Narr hat mich aus dem Schlaf gebracht?
Wer spannt meine Nerven an, weit nach Mitternacht?
Es kann nur die Nachteule oder Nönö sein.
Und beiden kann ich nicht böse sein.
Denn Nasenbären sind nie gemein.

Literatur- und Internettipps

Sprachförderung

- Adams, Iris; Struck, Veronika; Tillmanns-Karus, Monika: **Kunterbunt rund um den Mund.** Materialsammlung für die mundmotorische Übungsbehandlung. Verlag Modernes Lernen, 7 Aufl. 2003. ISBN 3-8080-0428-2
- Dummer-Smoch, Lisa: **Mit Phantasie und Fehlerpflaster.** Hilfen für Eltern und Lehrer legasthenischer Kinder. Reinhardt, 4., überarb. Aufl. 2002. ISBN 3-497-01602-0
- Erkert, Andrea: **Sprach-Förder-Spiele.** Spielezeit. Christophorus-Verlag, 3. Aufl. 2003. ISBN 3-419-53046-3
- Franke, Ulrike: **Artikulationstherapie bei Vorschulkindern.** Diagnostik und Didaktik. Unter Mitarb. v. Barbara Lleras, Susanne Lutz u.a. Reinhardt, 6. Aufl. 2001. ISBN 3-497-01402-8
- Gollwitz, Giselher: **Die Praxis einer ganzheitlichen Sprachförderung.** Gollwitz, 7. Aufl. 1997. ISBN 3-927641-02-2
- Hellrung, Uta: **Sprachentwicklung und Sprachförderung.** Ein Leitfaden für die Praxis. Praxisbuch Kita. Herder, 2002. ISBN 3-451-27784-0
- Monschein, Maria: **Spiele zur Sprachförderung.** Bd. 1: Don Bosco Verlag, 3. Aufl. 1999. ISBN 3-7698-0892-4 Bd. 2: Don Bosco Verlag, 1998. ISBN 3-7698-1107-0
- **Mundmotorische Förderung in der Gruppe.** Der Berliner Therapieansatz. Von Ute Burhop, Nikola Determann, Susanne Dirks u.a. Reinhardt, 2. Aufl. 1998. ISBN 3-497-01368-4
- Steininger, Rita: **Wie Kinder richtig sprechen lernen.** Sprachförderung – ein Wegweiser für Eltern. Kinder fordern uns heraus. Klett Cotta, 2004. ISBN 3-608-94068-5

Bewegungsunterstützung bei der Lautbildung

- Woldt, Jürgen; Suchy, Renate: **Bewegung mit den 5 Elementen.** Leben mit Leib und Seele. Schirner Verlag, 2001. ISBN 3-89767-080-1 dazu ein Video: ISBN 3-89767-087-9

Internet

www.dbl-ev.de
Auf der Homepage des Deutschen Bundesverbands für Logopädie e.V. erhalten Sie unter „Patienten" Informationen über verschiedene Behandlungsfelder. Es besteht die Möglichkeit, nach logopädischen Praxen in der Nähe Ihres Wohnortes zu suchen. Außerdem können Sie den Folder „Wie spricht mein Kind?" zur Sprachentwicklung von Kindern in den ersten Lebensjahren als PDF-Datei herunterladen.

www.bessersprechen.de
Unter „Infos" erhalten Sie Informationen zum Stottern, zur Sprachentwicklungsverzögerung u.v.m. Erklärungen für sprachtherapeutische Fachbegriffe finden Sie unter „Wörterbuch" in einem logopädischen Lexikon. Unter „Fun" können Sie sich unter anderem Fotos aus der Sprachtherapie anschauen und in einem Quiz Ihr logopädisches Wissen testen. Außerdem können Kinder hier Wort- und Zahlenspiele sowie Reaktions- und Merkfähigkeitsspiele direkt am Computer spielen.

www.sprachheilberater.de
Diese Internetseite informiert über die Bereiche Sprachentwicklung, Sprachförderung, Sprachstörungen, Sprachtherapie und Sprachheilberatung.

www.verlagruhr.de
Da sich Internetadressen schnell verändern können, finden Sie auf unserer Homepage unter dem Titel „Lustige Laut-Geschichten" eine stets aktualisierte Linkliste aller Internetadressen aus diesem Buch.